COPYRIGHT, 2023.

Escrito por Esther Reinoso Ruiz

Diseño editorial: Pedro Viejo.

Primera edición, 2023.

Quedan prohibidos, dentro de los límites establecidos en la ley y bajo los apercibimientos legalmente previstos, la reproducción total o parcial de esta obra por cualquier medio o procedimiento.

ESTHER REINOSO RUIZ

CADA LOGRO COMIENZA CON LA DECISIÓN DE INTENTARLO

CARTAS PARA EMPRENDEDORES

ESTHER REINOSO RUIZ
CADA LOGRO COMIENZA

CON LA DECISIÓN DE INTENTARLO
CARTAS PARA EMPRENDEDORES

A mis hijos,

Luis Javier y Carlos, mis mejores proyectos.

Y a Luis, que siempre me animó a intentar las cosas.

ÍNDICE

Tan distinta y tan igual, prólogo de Clara C. Scribá 13
Introducción 15

Capítulo 1. Mis motivos para emprender 23
Carta 1. Cómo surgió en mí la semilla
del emprendimiento 23
Carta 2. Aspectos internos que tuve que trabajar 34
Carta 3. Cambio de mentalidad 44
Carta 4. Cambios de hábitos 50

Capítulo 2. Los primeros pasos del emprendedor 67
Carta 5. El comienzo 67
Carta 6. Ya no hay vuelta atrás 74
Carta 7. El miedo. Salir de la zona de confort 85

Capítulo 3. Lanzarse a la piscina 89
Carta 8. Diciembre de 2013. Lanzamiento del proyecto 89
Carta 9: Aciertos 92

Carta 10. Primeros clientes 103

Capítulo 4. Delegar, conciliar y vivir 121
Carta 11: Recursos y hábitos que me funcionaron 121
Carta 12. Conciliación 132
Carta 13. Aprendiendo a delegar 144

Capítulo 5. De emprendedor a empresario 149
Carta 14. Los errores 149
Carta 15. Tipos de clientes 154
Carta 16. Etapa poscovid 166
Carta 17. Beneficios que me ha aportado emprender
y la persona en que me he convertido 180

Lecturas recomendadas 187

Agradecimientos 189

TAN DISTINTA Y TAN IGUAL

PRÓLOGO DE CLARA C. SCRIBÁ

«Aprender en cabeza ajena» es un dicho que me ha repetido mi madre durante años, y qué casualidad que en este que tienes entre las manos también haya consejos maternales y que, encima, el propósito —a medias— sea precisamente ese, que aprendas de la experiencia de Esther Reinoso.

Digo a medias porque el emprendimiento no se puede enseñar del todo. Sí, hay una parte que conviene saber y preparar antes de lanzar un proyecto, pero por muchos cursos que hagas, estos nunca te enseñarán tanto como los errores que vas a cometer. Sí, sí, los vas a cometer. Ya sé que da miedo, pero si estás empezando un proyecto emprendedor, seguro que la ilusión y las ganas de aportar con tu trabajo pesan mucho más.

Todo comienza con una idea revolucionaria —¿cómo puede ser que nadie haya inventado todavía...?— o con la sensación de que el trabajo por cuenta ajena ya no encaja en tu estilo de vida o en tu forma de trabajar. Lo más probable es que tu familia y amigos se dividan en dos grupos: los que te apoyan de forma incondicional y los que te advierten de que estás cometiendo una locura emprendiendo. No te preocupes, es normal. Con el paso del tiempo se quedarán a tu lado las personas adecuadas.

Este libro no es un manual del emprendedor, es una experiencia. Cuando Esther se puso en contacto conmigo para que le ayudara a poner en orden sus ideas, lo primero que me dijo fue: «Clara, quiero escribir un libro que les sirva a mis hijos cuando sean mayores, con mi experiencia emprendiendo. Yo no soy escritora, no sé qué tal lo voy a hacer, pero lo voy a intentar». A mí me gusta decir que escribir y publicar un libro es como tener un pequeño negocio, seas o no emprendedor, de pronto es un proyecto que tienes que crear, perfeccionar y vender. Este libro es un gran ejemplo de lo que predica Esther a lo largo de sus páginas: constancia, ilusión, buenos colaboradores y, sobre todo, intentarlo.

Ayudar a Esther en el proceso de escritura y edición de este libro ha sido muy gratificante por varias razones. La primera es esa, que ella misma con esta obra está demostrando lo que promueve: el trabajo duro con mucha ilusión, sacarle tiempo al tiempo, ir más allá de sus límites a pesar del síndrome del impostor. La segunda es que su historia de emprendimiento, siendo muy distinta a la mía, también es muy parecida. La misma incertidumbre, los mismos errores, la misma ilusión, la misma persistencia, en definitiva, el mismo estilo de vida, el del emprendedor.

En estas cartas vas a encontrar consejos, vivencias, aciertos y errores, pero, sobre todo, estos mensajes te servirán para encontrar, poco a poco, tu rumbo emprendiendo, si es lo que realmente deseas. Feliz lectura.

INTRODUCCIÓN

Para hablar de emprendimiento tienes que haber emprendido, y la palabra «emprender» implica muchos aspectos. El emprendimiento es un estilo de vida, con mentalidad y hábitos propios. Si eres emprendedor convives en armonía con la inseguridad y la incertidumbre disfrutando de un proceso de transformación interno que te hace sacar aspectos desconocidos y que, a la vez, te llena de satisfacción.

Por este motivo, sería incapaz de abordar este libro de forma teórica, porque quiero plasmar, basándome en mi experiencia, ese proceso interno que nos lleva a emprender. Ese proceso que me condujo a la creación de mi empresa Marketing Live Consulting, así como a poner en marcha otros proyectos de emprendimiento.

Compartir con los demás algo que pueda serles útil es maravilloso. Me llenará de satisfacción y de orgullo que esta lectura pueda servirles a mis hijos el día de mañana, pero incluso si le sirve a una sola persona ya me daría por satisfecha.

Este es un libro íntimo, muy personal, donde quiero compartir contigo mi maravillosa experiencia vital de emprender, y que en mi caso comenzó durante una crisis económica. Todas las crisis traen oportunidades y quiero demostrarte que se puede emprender en tiempos difíciles y crear un negocio rentable. Aquel final de 2013 fue mi mejor momento y punto de salida de mi proyecto de emprendimiento. Si las circunstancias hubiesen sido otras, quizás mi experiencia no hubiese sido la misma.

Actualmente, en el momento en que escribo este libro, estamos atravesando una fuerte crisis sanitaria provocada por el COVID-19, y que en este año 2021 sigue teniendo un gran impacto económico a nivel mundial. Estamos atravesando un mal momento como sociedad y, al igual que otras crisis que ha habido y otras que vendrán, será pasajero, se saldrá adelante. Y es que en todas las crisis hay una parte positiva, una lección que aprender y nuevas oportunidades.

Quiero trasladarte lo que pasó por mi cabeza, cómo superé el miedo, cómo puedes aprender a cambiar la mentalidad, a integrar nuevos hábitos, a conocerte mejor y a sacar tus fortalezas. Todo ello para conseguir ese primer logro que necesitas cuando estás afrontando una época de cambio, para pasar a la acción y dar ese primer paso —para mí, el más difícil de todos—. Ese paso que te lleva a intentarlo.

También quiero que sepas que mi proyecto fue como un «tercer hijo» para mí. Lo inicié tras la maternidad de mis dos hijos: Luis Javier tenía 4 años y Carlos, 18 meses. La llegada del emprendimiento a mi vida en esta etapa supuso, como todas las cosas que merecen la pena, un gran esfuerzo que compensaba mi día a día porque me llenaba de satisfacción. Descubrí que en este proceso, pese al miedo y a los días tan difíciles y complicados, me encontraba con muy buena sensación y con un buen presentimiento; esto era buena señal.

Tuve que aprender de muchos errores, atender y conciliar en ese papel de madre con niños tan pequeños —y las necesidades que demandaban— y, de forma paralela, no descuidarme ni perder el equilibrio entre mi vida personal y profesional. Todo esto entre otras facetas que aprendí a manejar para poder adaptarme a este nuevo estilo de vida que era el emprendimiento.

«Cada logro comienza con la decisión de intentarlo». Esta frase de Gail Devers lleva mucho tiempo en mi vida y desde que empecé a escribir estas líneas supe que tendría que formar parte del libro.

Esta es la filosofía que aplico a todo lo que hago y que me representa, porque todo comienza con un primer paso, y tan solo darlo y que te lleve a la acción es un gran logro: no lo olvides, porque, sin duda, siempre será mejor intentarlo que no haberlo hecho nunca. El hecho de emprender, con independencia del tamaño de tu negocio o proyecto, ya es un gran logro y merece la pena recoger ese proceso y todos los beneficios que te aporta.

Espero que estas vivencias que quiero trasladarte te aporten una nueva perspectiva, una idea, algo que te invite a pasar a la acción. Pienso que hay libros que cambian la vida y, quién sabe, si esta historia —que no es ni mejor ni peor que la de nadie, simplemente es la mía— te puede aportar una luz en un momento de oscuridad o de «crisis». Que te haga ver la oportunidad de poner en marcha tu proyecto y dar ese primer paso, o afrontar un cambio de etapa que puede culminar emprendiendo.

No todo el mundo que emprende tiene éxito con su proyecto, son cosas diferentes. El concepto del éxito también es diferente para cada persona. Una cosa es emprender y otra es que esa idea de negocio la conviertas en un negocio que sea rentable. Independientemente del éxito, lo que quedará en ti es en la persona que te conviertes a raíz de esas experiencias de emprendimiento y el aprendizaje que te llevarás para siempre. No hay una vuelta atrás en ese aspecto y quizás esa experiencia emprendiendo te lleve a otros caminos. Hay muchas personas que no se atreverán a intentarlo porque el miedo los paraliza. Lo que no saben es que, si consiguen superar ese miedo, estarán saliendo de su zona de confort y comenzarán un proceso transformador, algo muy difícil de expresar con palabras.

Quiero demostrarte que no pasa nada si no te sale algo como lo tenías planeado, que la incertidumbre y la inseguridad no son tan malas pasajeras y que en este viaje —dure lo que dure— merece la pena disfrutar de todas sus etapas. Todos podemos aspirar a trabajar en algo que nos apasione, en algo que nos llene de satisfacción, porque solo tenemos una vida y depende solo de ti crear esas circunstancias que te lleven al cambio.

Actualmente soy consultora en estrategia de marketing digital y ventas, mentora en emprendimiento y marca personal, licenciada en Derecho de formación, especializada en el aérea del marketing digital y redes sociales por la Cámara de Comercio de Málaga. Soy mentora organizacional certificada por la Red de Mentoring de España, título que pongo en práctica dentro del programa de «Mujeres con S» de Banco Santander, y también de forma privada.

Nunca llegué a ejercer como abogada, no era mi vocación: desde siempre me apasionó el mundo de las ventas y del marketing. La licenciatura en Derecho fue una formación versátil que me permitió tener una buena base para optar a diferentes tipos de perfiles profesionales, los cuales aspiraba a que estuvieran relacionados con la parte del marketing y ventas. Tras más de 15 años de experiencia y a raíz de la crisis inmobiliaria, decidí especializarme en marketing digital con la intención de crear mi propio negocio. Aportaría mi experiencia tanto en la parte de ventas como la del marketing para ofrecer un servicio diferente, ya que no es fácil encontrar profesionales especializados en estas dos áreas a la vez.

Es un placer ayudar a pymes y a empresarios y ofrecerles soluciones personalizadas, adaptadas a las necesidades de su negocio que les permitan obtener mejores resultados y les ayuden a vender más y mejor.

En Marketing Live comencé con una estructura inicial de crear un equipo de trabajo basado en un modelo colaborativo, porque considero que aporta mucho valor poder trabajar con profesionales cualificados a los que realmente les apasiona su trabajo. Eso se nota en cómo la especialización de cada uno suma un todo para nuestros clientes con una muy buena calidad de nuestros servicios. A día de hoy trabajamos de forma colaborativa y constante entre ocho y quince profesionales de diferentes áreas del marketing digital, todos nosotros profesionales con una experiencia de entre tres y cinco años como mínimo. Por otro lado, también nos apoyamos en otros perfiles profesionales para cubrir las necesidades y requerimientos más especializados, incluso somos *partner* de otras agencias tanto a nivel nacional como en Latinoamérica.

He tenido claro siempre que la atención al cliente tan personalizada que ofrezco en Marketing Live, unida a un alto nivel de especialización del equipo humano, es un valor diferencial importante. Los clientes encuentran en nosotros una empresa en la que confiar y tener la tranquilidad necesaria de saber que vamos a resolver sus problemas y ayudarles a avanzar.

Personalmente, me apasiona comunicar, transmitir. A día de hoy entre mis funciones, aparte de asumir como directora de la empresa la máxima responsabilidad de todos los proyectos que gestionamos con el cliente, desarrollo toda la parte estratégica que requieren los diferentes proyectos que abordamos, y que posteriormente será ejecutada por los diferentes profesionales especializados en cada área. En estos últimos años he ido descubriendo que me encanta dar formación, porque adoro comunicar y aportar valor a otros a través de la experiencia y el conocimiento adquirido. He podido impartir charlas, cursos y ponencias para diferentes empresas privadas y organismos públicos que ha reforzado mi pasión. De hecho, a raíz de esta demanda implementamos una línea de formación en Marketing Live, con metodología propia y un enfoque muy práctico dirigido a empresarios y emprendedores.

Como decía antes, este libro es muy personal, por eso no vas a encontrar los típicos capítulos con consejos de un libro de autoayuda, ni tampoco la parte teórica de lo que supone emprender y hacer un plan de negocio. De eso ya hay muchos libros e información.

Yo he elegido escribir cartas. Son cartas para ti, lector, pero verás que en muchas de ellas me dirijo a mis hijos o a mí misma. Y eso es porque mi mayor ilusión es ayudarte a ti con mi experiencia tanto como me gustaría ayudar a mis hijos, Luis Javier y Carlos, en el futuro, por si se encuentran en una época de cambio o sacando a ese emprendedor que llevan dentro y deciden optar por este estilo de vida que es el emprendimiento. Quiero que conozcas mi historia, tal cual la he sentido y vivido yo. En este libro encontrarás reflexiones en las que hago balance sobre mis errores y mis aciertos y ojalá encuentres en estas cartas las respuestas a tus dudas o sean para ti un motivo de inspiración que te lleve a pasar a la acción.

CAPÍTULO 1
MIS MOTIVOS PARA EMPRENDER

CARTA 1
Cómo surgió en mí la semilla del emprendimiento

Querido hijo:

Hay etapas y momentos en la vida que pueden llevarte a la oportunidad tan maravillosa de pararte a reflexionar, a pensar en dónde estás ahora, hacia dónde te gustaría ir o, simplemente, a considerar lo que no quieres en tu vida aun sin tener claro lo que sí.

Te darás cuenta por ti mismo de que el tiempo es de las cosas más valiosas que tenemos, uno de mis mejores deseos para ti es que sepas aprovecharlo bien. Te deseo que seas el dueño de tu tiempo y decidas libremente en qué lo empleas y con quién. Te deseo con todas mis fuerzas que te conviertas en una persona con una mente abierta al cambio.

Esto solo se consigue si la pereza, la dejadez y el conformismo no inundan tu vida y haces que cada día tengas una motivación para levantarte: eso supone un esfuerzo que no todo el mundo está dispuesto a hacer. Verás que mucha gente de tu alrededor se queja de sus circunstancias, pero pocos hacen algo para cambiarlas.

Aspirar a tener una buena idea de negocio, al igual que aspirar a tener un trabajo que te guste, supone ansiar vivir una vida más plena, porque la parte profesional va muy ligada a la personal. Esto parece que es algo utópico y lejos de la realidad para muchos, un sueño lejano fuera del alcance de la mayoría. Hoy quiero contarte que todos tenemos la capacidad de aspirar a mejorar, a cambiar de rumbo y que, en mi caso, este proceso de crecimiento personal y profesional fue a través del emprendimiento.

Todavía eres joven y es normal que te estés enfrentando a retos profesionales o que, incluso, aún no tengas claro del todo qué es lo tuyo. Sin embargo, puede que ahora o más adelante te sientas como yo me sentí a mis treinta y cinco años, cuando decidí cambiar el rumbo. Había tenido un intento de emprendimiento al abrir un negocio: era una parafarmacia en la zona emergente donde vivía, unos cuantos años antes de ese momento vital en el que me movió esa inquietud que tenía. Hice un curso de creación de empresas a través de un organismo público de Málaga donde, curiosidades del destino y diez años después, era yo la que participaba como docente dentro de ese programa a futuros emprendedores. Este proyecto no salió. Tras realizar el plan de empresa, vi que no era viable para mí, pero me supuso un gran aprendizaje y fue donde sembré esa semilla que floreció años después.

Reconozco que una de mis grandes debilidades y dificultades —yo que soy de letras— era que no sabía mucho de números ni de la parte financiera. No sabía tampoco lo que suponía gestionar una empresa ni contaba con grandes recursos para emprender. Pero tenía dos competencias básicas que considero imprescindibles para emprender con éxito: comunicar y vender. Esto me dio confianza en mí misma cuando exploré mis fortalezas, porque descubrí que tenía experiencia en el área en el que giraba mi proyecto de emprendimiento y había encontrado, además, mi propósito de vida. Era algo que salía muy de dentro y por el cual sentía pasión, me notaba un brillo especial de ilusión en mi mirada que me llevaba a pasar a la acción y a pensar en todo momento que merecía la pena intentarlo.

En esta carta quiero demostrarte que puedes conseguir lo que te propongas, porque el cambio depende de ti.

Te diré que hay un gran porcentaje de la población que nunca se atreverá a salir de esa falsa seguridad por miedo, se quedarán anclados en trabajos que no les gustan, con vidas planas. Siempre habrá personas que se quejen de su mala suerte en los trabajos —y su mala suerte en general— porque no pueden ver oportunidades ni líneas de mejora; estas son personas con mentalidades cerradas al cambio. Vamos a pasar mucho tiempo en el trabajo y lógicamente hay personas que no se van a plantear nunca una mejora, pues no tienen la claridad mental necesaria para decidir, para ver la importancia de pararse a reflexionar sobre su vida actual, sobre cuál sería su trabajo ideal. Te aseguro que ni siquiera sabrían qué decir si les preguntas. Te das cuenta de que van por la vida sin aspiración, ¡ni siquiera se lo plantean! Puede ser que te ocurra esto a ti también en estos momentos, y no es fácil plantearse cuál es el trabajo de tus sueños, no todo el mundo tiene claro desde pequeño una vocación o tiene a alguien cerca que le transmita la pasión por un oficio o una profesión concreta.

Hay otro tipo de personas, entre las que me incluyo, que han tenido siempre más claro el tipo de trabajo que no les gustaba y al cual nunca aspiraban, aunque les surgiera la oportunidad. He tenido que pasar por varios puestos y empresas para saber lo que no quiero. Si actualmente estás desempeñando un trabajo que no te llena, te recomiendo como un primer paso hacia una línea de mejora —que a lo mejor termina con una idea de emprendimiento, nunca se sabe— que anotes lo que no te gusta de tu trabajo actual para que aprendas mejor a detectar tus fortalezas y debilidades.

Con el paso del tiempo, descubres que tienes unas determinadas capacidades, habilidades o talentos que has ido trabajando por los cuales están dispuestos a pagarte: eres capaz de ofrecer un valor único a los demás disfrutando realmente de tu trabajo.

Por ejemplo, yo detecté por mi forma de ser que me aburren enormemente los trabajos rutinarios de tipo administrativo, me producen desmotivación y a los pocos meses de dominar las tareas de un puesto así, se me hace inaguantable emocionalmente desempeñarlo ocho horas al día. Sin embargo, también detecté que me sentía muy bien en trabajos de atención al cliente, me encantaba el marketing, soy una apasionada de las ventas y todo lo que tenía que ver con abordar proyectos y trabajar con plazos y objetivos era algo que me motivaba. Mis fortalezas son las habilidades comerciales, tengo muy desarrolladas mis dotes de comunicación y negociación. Reconozco que este tipo de fortalezas me han sido muy útiles a la hora de emprender.

Debes aprender a descubrir tus fortalezas y debilidades, porque puede que te afiances en ellas y que las conviertas en una idea de negocio y, posteriormente, en un proyecto empresarial, como me ocurrió a mí.

Fue un aprendizaje de varios años, de cambios profesionales y cambios personales.

Pregúntate en qué crees que eres bueno, cuáles son tus fortalezas, cuáles son tus habilidades más desarrolladas. Quiero que te hagas estas preguntas, tómate unos minutos para pensarlas. Te aseguro que es un proceso que te va ayudar a mejorar. No son preguntas fáciles de responder, requieren de un gran esfuerzo personal e interno, de tener una mentalidad abierta al cambio:

- ¿Qué se te da bien?
- ¿Qué habilidades te gustaría fortalecer?
- ¿Con qué disfrutas sin esfuerzo?
- ¿Eres una persona creativa?
- ¿Tienes una vocación?
- ¿Tienes un talento?

Te deseo que la vida te dé esa oportunidad de parar, puede que el mejor momento sea ahora y que lo aproveches para pasar a la acción.

No sé en qué punto estarás en estos momentos cuando leas este libro. Quizás estés pasando un periodo de transición en tu trabajo, o una crisis personal, estás sin trabajo o no sabes a dónde ir. Puede que estés viviendo una vida plana, bajo una falsa seguridad en un trabajo que no te llena, y que el único motivo por el que vas cada mañana es por el puro interés económico. Pero sabes que estar así toda tu vida te produce mucha desmotivación. Hay gente que no se atreve a salir de esa dinámica, aunque le gustaría, pues nunca da el paso por miedo. Si estás en una situación parecida has de saber que tiene un lado positivo, aunque te cueste verlo ahora: y es que tú eres el único responsable del tipo de vida que quieres llevar, que el cambio solo depende de ti. Tan solo tienes que pararte a reconocerlo y empezar a trazar ese primer paso, que es el que más cuesta.

Ahora quiero contarte cómo di ese primer paso y compartir contigo, desde mi parte más íntima, cómo decidí cambiar de rumbo para emprender y aceptar la responsabilidad de trabajar para mí. La vida me obligó a parar. Me quedé sin empleo y sufrí un aborto en el mismo periodo de tiempo, y tras recuperarme física y psicológicamente —gracias, sin duda, al apoyo de mi entorno— se abrieron ante mí nuevas perspectivas que, de no haber vivido estas circunstancias, quizás no habría llegado a ver. Con esto quiero decirte que para poder cambiar de etapa, primero necesitas aprender a aceptar las circunstancias, aunque sean dolorosas. A mí me ayudó tener el gran soporte de mi familia, pero también es muy recomendable pedir ayuda profesional si lo necesitas para poder avanzar.

Abordé un cambio interior profundo y vi con claridad esa semilla del emprendimiento que tenía en mi interior y que brotó entonces. La misma que me llevó a tener claro lo que quería con el propósito interno de ayudar a otros empresarios y emprendedores a través de mis fortalezas. Tenía claro que quería crear algo propio, tomar mis propias decisiones, sentir que los únicos límites que hay son los que yo me imponga. Quería levantarme cada mañana con ilusión por mi trabajo, vivir un proceso de cambio continuo, abrazar la incertidumbre y el miedo y, sobre todo, contarte que me siento dueña de lo más valioso: mi tiempo.

Mi día a día me llena de satisfacción, ayudar a otros empresarios, emprendedores, profesionales a que sus negocios o proyectos sean más rentables a través de estrategias de marketing y ventas no tienen precio. Al igual que deseaba sentir un equilibrio en mi vida tanto personal como profesional —tan difícil de conseguir—, quería también ser una madre presente en la vida de mis hijos, disfrutar de mi tiempo para seguir formándome, tiempo para leer, para mí misma, tiempo para lo que yo considero importante. Conseguir eso no es fácil, no es buena suerte, esas circunstancias las he creado yo.

Ahora que te estás planteando emprender, quiero pedirte algo. Si haces cambios en tu vida, pasas a la acción y te planteas montar un negocio o abordar nuevos retos profesionales y lo consigues, no permitas que nadie te diga que tienes buena suerte. La gran mayoría prefiere seguir acomodado a su falsa seguridad, aunque los trabajos, al igual que las empresas, no son eternos. Y también quiero advertirte de que vas a vivir etapas complicadas, momentos difíciles, épocas de crisis internas o externas que te van a condicionar tu vida personal y profesional. Esto que te va a parecer una desgracia o mala suerte, a lo mejor descubres que es una oportunidad que tienes por delante de encontrarte contigo mismo, para cambiar de rumbo o descubrir que en esas circunstancias hay nuevas oportunidades y una lección que te hará tomar nuevas decisiones. Pero los malos momentos son necesarios, forman parte del aprendizaje, y yo te aseguro que, si de verdad sientes pasión por tu proyecto de emprendimiento, merecerán la pena.

La semilla del emprendimiento estaba enterrada en mí desde hacía años. Yo sabía que en algún momento de mi trayectoria profesional tomaría un rumbo diferente. A pesar de eso, esa semilla que yo notaba con inquietudes, con otras aspiraciones, otro estilo de vida, no brotó hasta que, por un lado, fui madre y, por otro, las circunstancias de aquel entonces me sacaron de mi zona de confort obligatoriamente en la mencionada crisis.

Ahora sé que las casualidades no existen y que aquellas circunstancias me llevaron durante un periodo de varios años a afrontar un cambio interior importante, a implementar nuevos hábitos, rutinas, formarme e ir adquiriendo otras habilidades y conocimientos para avanzar hacia ese nuevo estilo de vida que es para mí el emprendimiento.

Mi periodo profesional por cuenta ajena, en la que trabajé durante quince años para diferentes empresas punteras en el sector de consultoría inmobiliaria, fue una etapa de gran aprendizaje en el área de marketing y ventas. Aprendí muchos aspectos que luego me fueron muy útiles en mi proyecto de emprendimiento. Por supuesto, como ya he comentado, tenía también muy claro lo que no me gustaba o lo que no quería el día que tuviera mi propio negocio. A pesar de todo lo que aprendí y de los buenos momentos, llegó un punto en el que me sentí muy limitada profesionalmente. No podía avanzar más y mi trabajo me resultaba muy rutinario, lo que suponía para mí una desmotivación enorme. Llegó un momento en que ir al trabajo me producía hastío, no sentía esa energía, ni siquiera cuando tenía incentivos económicos. Me daba cuenta de que no era ya una cuestión económica, porque me sentía como en una jaula. Siempre he tenido claro lo que no me gustaba y ese tipo de trabajos rutinarios no era lo que deseaba para mí todos los días de mi vida.

En este tipo de situación emocional me encontraba en uno de los últimos proyectos profesionales que abordaría trabajando para otros, y sentía que tenía que cerrar esa etapa sin poner fechas, no sabía cómo ni cuándo ni el qué. Sabía que a nivel interno me sentía diferente, necesitaba un cambio, y dependía solo de mí tener valor para hacerlo.

Recibí en menos de un mes dos situaciones complicadas y difíciles de gestionar a la vez y, aunque ahora en la distancia veo que tampoco fueron casualidad, era la oportunidad que me daba la vida de pararme a pensar. Estas circunstancias me llevaron a aprender a aceptar que cerraba una etapa y empezaba otra, aunque en su momento no sabía de qué se trataba. Con el tiempo esta situación me llevó a crear mi propio proyecto de vida, el emprendimiento.

Por un lado, el proyecto donde estaba trabajando fue comprado por otros inversores, los cuales me ofrecieron continuar con ellos, pero no quise actuar de espaldas a la empresa en la que estaba contratada en aquellos momentos. No es mi estilo ir así por la vida. Intento actuar siempre bajo la honestidad y sinceridad y me gusta ir de frente: rechacé la oferta. A las pocas semanas, el proyecto cambió de manos y fueron cesados mis servicios. A las puertas de una crisis inmobiliaria y sabiendo cómo me encontraba yo emocionalmente en esos momentos, viéndolo desde la distancia, entiendo que todo encaja y tiene un porqué. Aquella decisión fue la mejor que tomé, pues me puso en el camino que a día de hoy sigo atravesando.

En esos días, yo estaba embarazada de poco tiempo, sabía que tendría una motivación que me daría fuerzas para afrontar una nueva época de cambio, pero yo no me encontraba bien, y a los pocos días de ese gris mes de noviembre de 2007 sufrí un aborto. Perder al bebé supuso para mí perder la poca energía y entusiasmo que me quedaba, estaba apagada por dentro, completamente desanimada y con mucha tristeza. Mi mente no podía asimilar en tan poco tiempo las dos noticias, y esta situación me obligó a parar forzosamente. Me tenía que recuperar física y mentalmente para asimilar y aceptar lo que me estaba pasando. Esto me supuso un tiempo de reflexión y superación importante para coger fuerza y dar un primer paso.

Ese primer paso que supone levantarte de nuevo es el que más cuesta de todos, ese primer paso que sabía que tenía que dar y que me llevaría a tomar decisiones llegó tras varios meses de estar como en una nebulosa. Con un tremendo esfuerzo de implementar nuevos hábitos que me ayudaran a tener fuerza y energía mental y física, y junto al apoyo incondicional de mi marido, de mis padres y de mis hermanos, conseguí dar ese paso. Es algo que parece a simple vista algo sencillo, pero fue difícil aceptar las nuevas circunstancias. Hay que dejar de luchar internamente con las emociones, etiquetarlas, prejuzgarlas y culpabilizarte. Una vez que sientes la aceptación, logras fluir, y vi claro cuáles serían mis prioridades a corto plazo.

La primera prioridad para mí tras la experiencia vital de perder el bebé que esperaba fue que haría realidad mi sueño de convertirme en madre, y así lo hice. Quería disfrutar de ese nuevo regalo que me daba la vida en plena crisis económica que estábamos viviendo en aquel año 2008. Pese a tener oportunidades laborales que me surgieron, tomé la decisión de tomarme ese periodo de maternidad simplemente para disfrutar del aquí y el ahora. Ese fue el mejor regalo que me dio la vida para sanar mi interior.

Entonces comenzó el verdadero cambio y transformación, desde 2008 a 2013. En este periodo fui madre dos veces: en el año 2008, de Luis Javier; y en 2011, de Carlos.

Trabajé en esa etapa de forma puntual para otras empresas por puro interés y necesidad económica, pero teniendo claro que no continuaría por la misma trayectoria profesional de antes. Yo sentía que no era la misma persona y que había dentro de mí algo que afloraba, sentía inquietud por crear un negocio, aunque en un principio no sabía el qué. Un día de verano estando en la playa le dije a mi marido que veía claro el cambio de rumbo a nivel profesional y personal que quería abordar, apostando por trabajar para mí misma en vez de trabajar para otros, creando algo mío y generándome mi propio trabajo.

Yo ya no era la misma, sabía dónde estaría mi foco y sentía la necesidad de crear mi proyecto de emprendimiento. En esta etapa me estuve formando para especializarme más en la parte de marketing digital y adquirir nuevos conocimientos para abordar mi negocio.

Entendí que las casualidades no existen —todo lo que te ocurre tiene un porqué que quizás con el tiempo descubras— y que las condiciones perfectas tampoco, pero que sí depende de ti levantarte de nuevo y ser consecuente y coherente con tus decisiones.

CARTA 2
Aspectos internos que tuve que trabajar

Querido hijo:

Así fue como yo empecé, con una situación difícil, todavía con la fuerte crisis económica que teníamos en España entre 2013 y 2014, con críticas e incomprensión. Había gente que no entendía que en vez de buscar trabajo apostara por crear un negocio en aquel momento, pero seguía con la ilusión de invertir mi tiempo en un trabajo apasionante y a la vez intentar conciliar mi vida laboral con mi vida personal. Quizá tú también lo desees, pero tengo que decirte que no fue nada fácil, hubo aspectos internos que tuve que trabajar y que fueron la clave de mi éxito.

Tienes que saber —pero más bien sentir— que para poder dar a los demás, primero tienes que empezar por ti, por quererte y cuidarte tú antes que nadie. Tuve que hacer un proceso de transformación interno importante para atreverme a dar ese primer paso, de pasar a la acción, y que en mi caso era pensar en una idea clara de negocio basada en mis fortalezas y que me permitiera ayudar a los demás.

Un primer paso para empezar es abrir tu mente y aceptar que estás en un proceso de cambio, con todo lo que esto conlleva a nivel emocional. Hay que aceptar tal cual esas emociones en esta etapa como algo positivo, algo está cambiando en tu interior. Te estás atreviendo a salir de tu zona de confort y es completamente normal que surjan miedos e inseguridades. ¡Enhorabuena! ¡Estás vivo! La vida es cambio constante y si decides emprender, vas a notar esas emociones en tu piel sin enmascarar. Aunque te incomode, no hay que juzgar ni etiquetar; estás en un proceso de cambio.

La aceptación de las circunstancias actuales y no renegar de ellas ni lamentarte de lo que te ha ocurrido o de por qué te pasan las cosas es un primer paso importante. Si necesitas ayuda psicológica o algún otro tipo de acompañamiento a través de mentores o *coaches*, acude a ellos. Haz todo lo que necesites para aceptar tu aquí y ahora. Además, será imprescindible en esta etapa de transformación y cambio interno contar con el apoyo de tu familia y personas cercanas.

En mi caso, esa ayuda y energía necesaria para afrontar el cambio la encontré en el apoyo de mi familia y de mi marido, fuente inagotable de energía positiva. La estabilidad emocional y sentir apoyo ayuda a tener un buen cimiento ante los cambios.

Te vas a enfrentar a días de bloqueos, miedos que paralizan, mucha inseguridad y vas a necesitar encontrar a quien te escuche sin opinar, sin prejuicios y que te aporte calma. Hay que evitar a las personas que no te puedan dar eso en esos momentos.

En esta fase ve dando pequeños pasos. Si no sabes por dónde comenzar, empieza a formarte en cosas nuevas, esto es un gran recurso. Piensa en aquello que quieras mejorar a corto plazo, ve poco a poco, adquiere nuevas habilidades, lee mucho, aprende a cuidar de tus pensamientos y a cuidar de tu energía. De todo ello iremos hablando en este libro, donde descubrirás que todo esto te lleva a un denominador común: entrar en una dinámica de cambio, de un nuevo estilo de vida, el del emprendimiento. Una vez en él, podrás descubrir cuál es tu verdadera pasión. Vas a descubrir que te encanta trabajar y que los lunes ya no son un problema para ti, vas a descubrir que crear algo tuyo de la nada que pueda aportar valor y ayudar a otras personas no tiene precio…

Son pequeños cambios los que vas a ir experimentando y estos pueden llevarte a afrontar nuevos retos y a pensar con más claridad en nuevas oportunidades. Reconozco también que el emprendimiento no es apto para todo el mundo. Es extenuante y agotador tanto a nivel físico como mental, y por ello no todo el mundo puede afrontarlo.

Yo, cuando inicié este proceso, tuve que hacer un trabajo interno para sentirme en equilibrio conmigo misma e incorporar nuevos hábitos.

El cambio de rumbo que afrontaría mi vida profesional estaría muy ligado a mi vida personal, porque ya sabes que en ese tiempo de maduración fui también madre, y eso supone un cambio de vida importante en todos los aspectos.

Entendí que emprender era un nuevo estilo de vida y que, aunque era algo completamente desconocido para mí hasta entonces, sentía que disfrutaba del proceso de crear algo mío. Me sentía tan llena de ilusión y con una motivación tan grande como nunca antes había experimentado a nivel profesional.

Mi proyecto de emprendimiento era como un «tercer hijo». Estaba presente en mis días, en mis noches, las 24 horas del día, de lunes a domingo. Sentía una conexión y simbiosis tan grande con el proyecto que yo y Marketing Live éramos uno. Me ataba —y aún me ata— un cordón umbilical invisible.

Por ejemplo, pasar un domingo trabajando en la creación de tu proyecto de emprendimiento, trabajando para ti en algo que te apasiona realmente, no lo ves como trabajo, es de esas cosas que merece la pena experimentar. Que llegara el lunes no era tampoco un problema, estaba igual de motivada y feliz que el domingo y deseando pasar tiempo con mi tercer hijo.

Si crees que vas a emprender por ese tópico de que eres dueño de tu tiempo, y haces lo que te apetece, quiero decirte que eso está lejos de la realidad que yo he vivido. Es un estilo de vida diferente. No se trabaja menos, se trabaja de otra forma porque la semana y los días no se rigen por jornadas laborales de ocho horas. La semana laboral frecuentemente se alarga de lunes a domingo y es difícil que puedas desconectar de algo que te gusta tanto y que has creado tú. Por cierto, también tendrás tantos jefes como clientes.

No todo el mundo está preparado para esto, porque no todo el mundo emprende en algo que le apasiona, ni está preparado para abrir su mente al cambio, para salir de su zona de confort. Hay que atreverse a pensar de otra forma, al igual que requiere adquirir nuevas habilidades y formarte. Soy de la opinión de que por mucha formación que hagas realmente a emprender se aprende emprendiendo.

Recuerdo con la misma intensidad como si fuera ayer esos primeros meses, por un lado, me brillaban los ojos de ilusión al hablar de mi proyecto y por otro mi cara reflejaba el cansancio y extenuación de lo que supone crear un negocio desde cero. Realmente los dos primeros años los recuerdos especialmente duros.

Aprendí a tener claro y a diferenciar lo que era realmente urgente de lo importante. El valor del tiempo tenía otra dimensión: aceptar los imprevistos, aceptar que hay días que no se puede llegar a todo como hacía antes. Soy la persona que más exigente he sido conmigo misma, más que todos los jefes que he tenido nunca.

Esforzarme por mantener mi mente abierta al cambio constante y cuidar mi energía ha sido un pilar importante para mí; realmente reconozco que todo lo que me he propuesto lo he logrado basándome en la disciplina, pese a considerar que soy una persona motivada y que siento pasión por mi proyecto. Seamos sinceros, la motivación te va a fallar cuando el cansancio y los problemas afloren, y cuando la motivación falla, será la disciplina la que te lleve a actuar.

En todo momento sentía a nivel interno una conexión conmigo que me hacía sentir bien, y sigo sintiendo esa sensación de fluir y de estar donde quiero estar. Esto se siente cuando has sido coherente con tus actos y con tus decisiones y lo aceptas todo con todas sus consecuencias.

¿Cuáles fueron los aspectos internos más importantes para mí y qué tuve que trabajar o reforzar antes de lanzar mi proyecto de emprendimiento?

- **Pasión.** No concibo no tener pasión por lo que haces. Si emprendes solo por pura motivación económica, puede salirte bien durante un tiempo, pero si no tienes pasión, no podrás abordar las difíciles etapas que te esperan en el proceso. Está claro que tu idea de negocio tiene que ser rentable y generar ingresos, pero si te mueve la pasión, eso se nota, lo notas tú y lo notan los demás. Sentirás mucha satisfacción personal cuando te apasiona lo que haces, eso te da fuerza y motivación suficiente para ver la luz al final del camino, no desviarte y continuar. Si sientes pasión y te enamoras de tu proyecto, lo sientes, lo vives, te brillan los ojos cuando hablas de ello, es tal la energía positiva interna que sientes que es inexplicable. Cuando uno siente pasión por lo que hace es difícil explicarlo con palabras, pero es lo mismo que cuando te enamoras: lo sabes. Sigo igual de enamorada o incluso más que el primer día de mi proyecto de Marketing Live Consulting, de su identidad, de sus colores, de lo que representa y de la propuesta de valor que entrego a los demás.

- **Tolerancia a la frustración.** Tienes que estar preparado para tolerar el fracaso. No vayas a pensar que solo porque sientas pasión ya es suficiente para escalar la montaña. Esto es un proceso donde tienes que disfrutar del camino y del aprendizaje diario. Habrá etapas y días en los que las cosas se van a torcer, no van a salir como tú lo habías pensado. Aprendí que si las cosas no salen como esperabas tienes que estar preparado para aceptarlo, tener paciencia para ser constante y no tirar la toalla con facilidad, levantarte de nuevo y continuar mejorando o aprendiendo de los errores. Esto lo aprendí durante mi experiencia profesional previa, donde he trabajado en departamentos de ventas de varias empresas multinacionales. Ha sido un aspecto que me ha aportado mucho valor en mi faceta como emprendedora. Opino igualmente que el tener habilidades comerciales es uno de los pilares más importantes a trabajar o adquirir si quieres emprender. Todos tenemos que saber vender bien nuestros servicios y proyectos. Para ello es parte del proceso el tener que afrontar muchos NO antes de conseguir el SÍ. Esto es muy enriquecedor, no te vas a venir abajo por ello porque cada NO será una lección para ti.

- **Constancia.** Tenía que ser muy constante en el proyecto, con muchos factores para poder cumplir plazos y poder abordar las diferentes etapas. Te recomiendo que cuando decidas apostar por un proyecto de emprendimiento prepares una estrategia y seas muy constante con ella, porque lo normal es que tarde en dar frutos y tiendas a desviarte del camino. La estrategia te ayudará a no perder el foco.

- **Paciencia.** En mi caso, reconozco que la paciencia no es mi virtud, la he mejorado con el tiempo y es una de las cosas más importantes a la hora de emprender. Las cosas necesitan su tiempo, el proyecto tiene que tener en cada etapa su espacio y eso es así. Tienes que saber entenderlo. Tienes que sembrar, y como toda siembra, se necesita paciencia para ver brotar esa semilla. El emprendimiento te ayudará a cultivarla. En mi caso, la maternidad me hizo desarrollarla obligatoriamente y, aunque me quedo corta siempre, esa es la verdad, es uno de los aspectos que sigo trabajando, porque me cuesta mucho tener paciencia con muchas cosas y situaciones. Tienes que saber que si es una de tus fortalezas, tienes mucho ganado.

- **La importancia de aprender a comunicarte mejor.** Las habilidades de comunicación y las habilidades comerciales son imprescindibles, como ya te he trasladado. Si no son tu fuerte, haz más hincapié en ellas y no dejes de formarte. Adquiere formación específica en esta área, lee, sé autodidacta también. En mi caso, aunque esta parte sea una de mis fortalezas, he estado en continua línea de mejora. He sido muy autodidacta, leo mucho y estoy en progreso continuo a través de cursos específicos en mi área, porque la considero un pilar imprescindible para mi trabajo como emprendedora. Es imprescindible saber comunicarte muy bien, ya que vas a tratar con diferentes tipos de clientes y personas.

• **Aceptar que no le gustarás a todo el mundo.** No pasa nada, te lo aseguro. Si pretendes gustarle a todo el mundo tendrás un problema importante con tu energía y gestión del tiempo. Tienes que tener un foco claro, tu proyecto estará dirigido a un tipo de cliente concreto y deberás centrarte en él.

• **Te criticarán** y te dirán: «¿Qué haces emprendiendo y más si estamos en crisis?». Yo emprendí a finales del año 2013 con pasión por mi proyecto, y eso me motivaba tanto que comprendía que mi energía tenía que estar muy controlada. No podía perderla con personas que no me aportaban nada o que no entenderían que estando el país con una alta tasa de paro, y coleteando con una crisis económica importante, yo estuviera creando un negocio. Dejé de dar explicaciones a quien me preguntaba que cómo montaría un negocio en esa circunstancia y que por qué con dos niños no me dedicaba a buscar trabajo, que eso era más seguro. Lo de la seguridad, querido hijo, te lo contaré un poco más adelante y con más detenimiento. Creo que hay gente que te ve desde fuera y no comprende cómo uno puede sentirse bien estando fuera de su zona de confort de forma constante, que la incertidumbre sea una buena compañera de viaje y te sientas cómodo en ella. No todo el mundo puede ser emprendedor, pero también hay que dejar vivir a los que lo intentan. Esto ocurre porque para poder estar en esta onda se requiere una apertura de mente importante, y esto se consigue si estás abierto a formarte en otras áreas, si estás abierto al cambio, si eres una persona que lee y viaja, si quieres plantearte llevar a cabo una nueva forma de vida y te atreves a cultivar nuevas habilidades. El emprendimiento todavía no está bien visto en nuestra sociedad, a diferencia de otros países. Hay muchos que no se atreven ya no a emprender, sino a ni siquiera salir de su zona de confort, y están en trabajos que nos les gustan durante toda su vida, rodeados de una «falsa seguridad» que es la que te proporciona la empresa para la que trabajes en esos momentos, pero tampoco se plantean hacer nada. Se acomodan, pero eso sí, critican a los que intentamos crear un negocio, atrevernos a vivir de lo que nos gusta y, además, generar empleo. Realmente hay gente muy amargada que tampoco hace nada por cambiar. Detecta pronto a este tipo de personas tóxicas, bórralas de tu lista, ignóralos y continúa. No te puedes permitir perder el tiempo con ellas.

- **No puedes ser especialista en todo.** Sabía que yo no podía ser experta en todas las áreas y que tendría que pensar en cómo podría complementar el valor de mi proyecto y sus servicios junto con otros profesionales. La importancia de saber delegar y de detectar qué funciones aportan valor que las haga yo personalmente y cuáles no fue un proceso muy enriquecedor.

Estos son solo algunos aspectos que forman parte del proceso de emprender. Si ya has emprendido, lo sabrás, pero si vas a hacerlo, tú mismo irás descubriendo qué cambios de mentalidad necesita tu negocio y qué debilidades de tu forma de ser tendrás que fortalecer. Los cambios internos en los emprendedores son únicos —aunque algunos son comunes para todos— y no terminan, porque ya sea con el paso de los años y el crecimiento de tu empresa, o porque estés creando otros negocios, te vas a enfrentar a situaciones que te pondrán a prueba y de las que probablemente salgas fortalecido.

CARTA 3
Cambio de mentalidad

Querido hijo:

Tener una mente abierta a todo y no apegada a nada parece fácil hasta que uno piensa en cuántos condicionamientos se han producido en su vida. Mantenga en su interior una imaginaria vela encendida que arda vivamente con independencia de lo que se encuentra frente a sí. Deje que esa llama interior represente la idea de que es capaz de obrar milagros en su vida. Una mente abierta a todo equivale a ser pacífico, irradiar amor, practicar el perdón, ser generoso, respetar toda forma de vida y, lo más importante, visualizarse a uno mismo como capaz de hacer todo aquello que pueda concebir en su mente y en su corazón. Debería decidir (no se equivoque en eso, es una elección) tener una mente abierta a todo; entonces actuará en función de esa energía interior y será el creador, así como el receptor, de milagros dondequiera que esté.

Diez secretos para el éxito y paz interior, Wayne Dyer

Quiero comenzar esta carta dedicándote estas hermosas palabras de este libro que me fue muy útil en su momento para comprender el valor de los pensamientos y la importancia de tener una mente más abierta. Implementar nuevos hábitos es un esfuerzo diario; si al principio no aprecias la evolución, no te desanimes, lo notarás con el tiempo, es una evolución lenta, pero irás tomando conciencia de tus carencias y de esos pequeños logros. Me he considerado siempre una persona con mentalidad abierta. No obstante, me di cuenta de que el cambio que tenía que hacer suponía afrontar cosas nuevas y, precisamente, tener una mentalidad abierta me había permitido detectar esa vocación emprendedora que yo tenía dormida. En realidad, siempre estuvo ahí hasta que yo me permití darle el espacio para reconocerla y aceptar ese proceso de cambio, primero interior, para que luego ese proceso se proyectase en el exterior.

Con este cambio de mentalidad comprendí que las cosas no suceden por casualidad. También entendí mi continua sensación de inconformismo, esa sensación de vacío que sentía a nivel profesional. Pese a que puedo decir que mi trayectoria ha estado vinculada al ámbito del marketing y las ventas, y que mi trabajo me gustaba porque a mí me resultaba cómodo, me gustaba porque yo estaba en mi zona de confort y me pagaban por mis fortalezas. Llegó un momento —muchos años antes de este proceso— en el que yo sentía —pero no escuchaba— algo en mi interior. Sentía cierto inconformismo, era como una necesidad constante de crear «algo». Sentía mucha ilusión de pensar que mi vida podría ser otra cosa, pero no sabía el qué ni el cómo.

Tampoco en ese momento pensaba en que crearía un negocio, pero sí me daba cuenta de que tenía ilusión y esperanza de que mi vida profesional se dirigiera hacia otro rumbo. Así empieza todo, tomando consciencia de que tienes que convertir a tu mente en tu mejor aliado, decidiendo la calidad de tus pensamientos y dándote un espacio para escuchar esa voz que antes tapabas.

Un primer paso es abrirte a ti mismo, anotar ideas, pensamientos que te vienen: escríbelos, aunque te parezcan absurdos. Igual de importante es estar dispuesto a escuchar a otras personas y otras formas de pensar, muestra curiosidad y saca ese niño que fuiste.

Hay que liberarse de apegos que condicionan nuestra forma de pensar, y esto supone una limitación en nuestra mente para meditar sobre lo que te gustaría hacer. Primero tienes que proyectarlo en tu mente para poder pasar a la acción. Puedes empezar por algo sencillo, esto fue una de las primeras cosas que cambié y que me funcionaron: se resume en liberar a tu mente del «no puedo».

Si te viene un pensamiento de algo que quieres hacer o te apetece probar algo nuevo y te bloqueas, te supera, te invito a intentarlo simplemente empezando por tu mente. Quita el NO, y dite a ti mismo un «SÍ, puedo hacerlo o puedo conseguirlo». Decirte esto es poderoso, a partir de ahí te diría que, sea lo que sea, aunque sea una tontería para los demás, lo intentes. Te puede salir o no salir, pero tiene más importancia romper ese bloqueo mental en el momento que lo intentas, porque esto ya produce algo muy importante: la satisfacción de atreverse. Estarías empezando a crear una energía positiva de modo que, si practicas este método, irás perdiendo el miedo a equivocarte.

Te quiero transmitir que es muy importante el mensaje que te mandas a ti mismo para pensar en positivo. Es el primer paso para que algo salga adelante: pensar en positivo para tener ánimo de pasar a la acción. El emprendimiento para mí es un estilo de vida y tampoco considero que todo el mundo que tiene un negocio sea emprendedor. Tampoco es lo mismo ser autónomo que emprendedor o empresario, de esto hablaremos más adelante, tal y como lo veo yo.

Lo que quiero decirte ahora es que si decides emprender como un nuevo estilo de vida, tienes que cambiar tus pensamientos. Esto es un hábito que hay que trabajar de forma constante: un verdadero emprendedor por regla general es una persona con una mentalidad abierta al cambio.

A un verdadero emprendedor le mueve la ilusión y eso es algo poderoso y tan difícil de explicar que se proyecta en ti una energía especial. Te enamoras, no solo de la idea de negocio. Se trata de un proceso de creación, de algo tuyo y te hace ilusión hablar de ello, visualizarlo. Se nota cuando a un emprendedor le mueve esa ilusión y pasión por lo que hace. No te va a importar abrazar la incertidumbre a diario y sentirte cómodo con ella —no es tan mala compañera de viaje—, al igual que vivir fuera de tu zona de confort, porque el camino es enriquecedor y el crecimiento personal de lo que aprendes, inexplicable.

Ahora mismo puede que estés pensando que eso de estar viviendo en una continua incertidumbre es algo que te deja el aliento y puede que no esté hecho para ti. No todo el mundo tiene la mente preparada para sentirse a gusto experimentando esa sensación a diario. Te diré que si este es el único motivo que te hace echarte para atrás a la hora de emprender, tienes que pararte a reflexionar en que trabajar para otro es vivir bajo una «falsa seguridad» que te proporciona la empresa en la que trabajes. La incertidumbre sigue siendo la misma, aunque tú no la notes tan directamente; sigue estando ahí fuera para todo el mundo, la diferencia es que el emprendedor se siente cómodo en ella porque su mente está entrenada para ello.

En el momento en que escribo este libro nos encontramos cumpliendo este primer año de la pandemia sanitaria del COVID-19. Querido hijo, esta situación es parte de la historia que podrás contar con tus ojos de niño, que será lo que recuerdes de ella. La realidad de estos primeros meses de 2021 es otra, el impacto por el alto número de fallecidos y por la repercusión económica está siendo muy duro. Cierre de negocios, desempleo y un ambiente generalizado de tristeza; una situación muy complicada y caótica para todos. Lo que peor estoy llevando a nivel mental es la limitación de mi libertad, no poder ver a la familia, aprender a aceptar la tristeza y nostalgia durante tantos meses y hacer un esfuerzo diario por mantener una actitud positiva en días tan grises a nivel de sociedad.

En esta situación de crisis, las personas con una mente fuerte están más preparadas para aguantar mejor esta etapa. Yo me siento más preparada a nivel mental ahora que en la anterior crisis que afronté en ese periodo de cambio para emprender. Hay cosas que, gracias a lo que me ha aportado el emprendimiento, tengo muy interiorizadas en mí y no me incomodan. Vivir con la incertidumbre es una de ellas, por eso la situación que estamos viviendo estos días no es lo peor que estoy llevando de esta crisis sanitaria.

Sin embargo, y es algo totalmente comprensible, algunas personas se han encontrado con esa incertidumbre de la noche a la mañana, y en muy pocos meses han experimentado un cambio de vida radical. Encontrarse cara a cara con ella sin tener una mente preparada para ello supone un *shock* emocional importante y desagradable. Para muchos supone un antes y un después, y también pienso que hay una parte positiva en ello: salir de tu zona de confort de forma obligada te hace abrir tu mente sí o sí, y esto hay que verlo siempre como algo valioso.

Mucha gente está tomando nuevos rumbos, adaptándose a los cambios lo mejor que pueden, formándose de nuevo, viendo nuevas oportunidades y estoy segura de que podrán salir de esta situación más reforzados si tienen la capacidad de ver la crisis como una oportunidad.

Con esto tampoco te quiero decir que mi trabajo interior de sentirme cómoda en la incertidumbre sea la mejor opción de vida para todos ni pretendo convencer a nadie. Solo te invito a reflexionar sobre la importancia de tener una mente abierta al cambio y lo que te aporta salir de tu zona de confort a nivel de crecimiento personal, ya sea por decisión propia o porque las circunstancias te llevan a ello.

Cambiar de mentalidad no es algo que vas a conseguir en cuestión de días ni de semanas. Se requiere de pequeños hábitos que, a largo plazo, darán sus frutos. Yo tardé varios años en mi proceso de aprender a pensar de otra manera, en positivo, convencida de que todo dependía de mí, pese a las circunstancias de crisis tanto internas como externas que me pudieran rodear.

Recuerda, hijo, que este cambio de mentalidad te puede llevar a uno de los aspectos más importantes que hace que uno se atreva a pasar a la acción: la ilusión.

CARTA 4
Cambios de hábitos

Querido hijo:

La ilusión es un motor para el cambio, pero no es suficiente para poder emprender. Hay que pasar a la acción y, como decía

Thomas Edison: «La gente que dice que no se puede hacer no debería interrumpir a quienes lo están haciendo».

Un emprendedor ¿nace o se hace? ¿Qué opinas? No te quiero condicionar ahora con mi respuesta, quiero que saques tu propia conclusión al final de este libro.

Ahora, quiero advertirte de que cuando decidas emprender, habrá personas que no se alegrarán de verte cambiar, creerán que se te ha ido la cabeza y que tus nuevas rutinas solo te servirán para perder el tiempo. En épocas de cambio o crisis no es necesario andar dando explicaciones o justificándose ante los demás constantemente, además, sentirás que no te apetece. Te hace perder una energía muy valiosa. Mantener una actitud positiva ante un nuevo reto requiere de un esfuerzo importante en sí mismo, y que no todo el mundo está dispuesto a hacer.

Puede que estés en medio de una tormenta y tengas que elegir muy bien a las personas que te pueden sumar y ayudar con este cambio de hábitos, y/o detectar muy bien para mantener lejos a esas personas tóxicas que no te aporten nada. Sí, tendrás que ser egoísta en este aspecto para poder centrarte en ti e ir implementando cambios que van a requerir de tu disciplina y toda tu voluntad.

Los cambios de hábitos empiezan por uno mismo, tienes que empezar por ti, por revisar cómo es tu día ahora mismo y crear ciertas rutinas para empezar muy poco a poco. No pretendas en una semana o solo en un mes hacer muchas cosas a la vez. Tienes que ser constante, y te recomiendo que los días que no te apetezca y el desánimo te inunde, recurras a algo muy valioso para emprender y para cualquier aspecto que quieras conseguir en la vida: la disciplina.

Quiero compartir contigo los cinco hábitos más importantes que implementé en mi proceso de cambio inicial. Comencé a ponerlos en marcha un par de años antes de emprender y a día de hoy los sigo manteniendo como un cimiento importante al que he ido agregando otros acorde a mi etapa actual y a mis necesidades.

1. Reservar un espacio diario para ti

Es muy importante que lo hagas, porque eso te ayudará a sentirte mejor y a crearte una rutina. Comienza revisando cómo empiezas tu día. ¿Te levantas ya cansado y sin motivación alguna? ¿Empiezas el día acelerado? ¿Estás en una época de cambio personal y/ o profesional? ¿Estás afrontando una crisis existencial? ¿Estás en un proceso de ruptura con tu etapa anterior?, ¿en una fase de transición? ¿Te ha llegado el momento de sacar ese emprendedor, vocacional o nato, que llevabas dentro y que no has sabido hasta ahora dejarle paso?

Sea como sea tu situación, párate a pensar ahora: escribe unas líneas de cómo empezó tu día hoy mismo.

Una vez que detectes y reconozcas cómo empieza tu día, te propongo que escribas cuándo vas a implementar un pequeño cambio, porque será pequeño, pero te hará dar un primer paso.

El día hay que empezarlo con calma. En mi caso, he aprendido a conocerme y sé que soy más productiva por la mañana, temprano. En estos años he ido adelantando mi horario de comenzar el día o modificándolo, atendiendo a mis necesidades vitales. He tenido a niños pequeños con rachas de dormir muy poco en esta etapa de emprendimiento, y aun así fue de vital importancia que pudiera marcar como una prioridad comenzar el día relajada. El adelantar el reloj para dedicarte diez minutos por la mañana a ti mismo es una buena forma de empezar mejor el día si en tu caso ya empiezas a correr desde que te levantas y vas siempre mal de hora. Encuentra esos diez minutos de silencio para hacer algo que te aporte calma.

Puede ser tomarte un café con tranquilidad, ver amanecer; si te animas a meditar, puede ser un buen momento, estirar tu cuerpo… Algo que sepas que puedes hacer a diario y que te ayude a empezar el día aportándote bienestar.

Si no se te ocurre nada ahora, porque tu situación interna es muy caótica, ten siempre cerca de ti una libreta o una agenda y escribe a mano cómo te gustaría que empezara tu día. Es un recurso al que siempre acudo. Escribir algo a mano te ayuda a fijarlo en la mente. Elige un día, comienza con un pequeño cambio y decide adelantar diez minutos tu hora de despertarte. Hazlo y no te lo pienses mucho cuando llegue ese día.

En mi caso decidí empezar el día con la necesidad de encontrar silencio en casa, y para ello comencé a adelantar la hora a la que me levantaba. Pasé poco a poco de las 7:30 a las 6:00 de la mañana para comenzar a dedicarme un tiempo diario importante para mí. Disfruto mucho del olor de la mañana, de un café en silencio, de hacer algunos ejercicios de estiramiento, respirar o meditar 5 minutos, y tras esto sacaba un tiempo diario para formación y otras prioridades que tenía marcadas en mi agenda.

Si te soy sincera, mis comienzos fueron duros en este aspecto. Lo sé, es difícil. No lo conseguía todos los días: dormía mal, me quedaba dormida al pasar mala noche, no estaba motivada para hacerlo. Lo más fácil era decir «lo dejo», pero no desistí y me fue útil marcar en mi agenda semanal los días que lo conseguía y los días que no, y al poco tiempo, noté una pequeña evolución.

He ido adelantado mi horario y, actualmente, me levanto entre las 6:00 y las 6:30, coincido con mi marido y compartir ese primer momento del día con él me encanta. Abrir la ventana y escuchar el silencio me llena de energía; veo amanecer, hago mi pequeña rutina de estiramientos y cinco minutos de meditación. Me hace sentir bien comenzar el día así.

Entre las 6:00 y 7.30 de la mañana, tengo un tiempo importante para dedicar a ciertas prioridades que me marco en mi agenda y que incluyo en esa franja horaria. Por ejemplo, escribir este libro, dedicar un tiempo a formación y atender algunas tareas que requieran de concentración. Fluyo muy bien por la mañana, sin embargo, a partir de las 17:00 de la tarde no soy tan productiva.

Esto puede que a lo mejor no vaya contigo porque por tu forma de ser eres más nocturno. No pasa nada, lo que trato de decirte es que tienes que conocerte bien para saber cuándo eres más productivo y rindes mejor. Aun así, aunque no te guste madrugar, intenta comenzar tu día integrando algunos hábitos que te aporten calma.

El día tiene las mismas 24 horas para todo el mundo, cada uno decide cómo distribuirlas, pero me encantaría que aceptaras mi recomendación de mejorar cómo empieza tu día, porque vas a necesitar tener un buen cimiento de rutinas para épocas y días difíciles.

2. Establece prioridades: organízate y planifica

No se puede llegar a todo bien. Si tienes también familia, es imprescindible que dediques tiempo a organizar y planificar aún más los días para integrar sus horarios, donde hay imprevistos, noches difíciles, días en los que tus hijos están malos, momentos en los que necesitan de tu tiempo y de toda tu atención.

Cada uno tiene unas circunstancias y sus prioridades no van a coincidir con las tuyas, pero establecer prioridades y organizarte en función de ellas es de los hábitos más importantes para conseguir objetivos y avanzar: la planificación.

Si hay algo prioritario que podamos tener en común es sin lugar a dudas cuidar de la salud, y tener hábitos saludables ha de ser una de tus prioridades en tu día a día.

En mi caso, siempre he hecho deporte. Nunca he sido de gimnasios, porque me gusta el deporte al aire libre y he pasado por etapas más o menos activas. También épocas de embarazos o de muchísimo trabajo donde no veía el momento de poder dedicar tiempo a hacer ejercicio.

En esta etapa de cambio de trabajar por cuenta ajena a montar mi negocio, me costaba muchísimo afrontar una jornada completa porque me resultaba agotador: dormía poco, con niños pequeños y estaba creando un proyecto de emprendimiento, un proceso extenuante tanto física como mentalmente. Afrontar cambios importantes en mi organización personal y profesional, cambios de rutinas, días interminables…

Lo que me impuse fue retomar algo muy básico que todo el mundo tiene la capacidad de hacer, y es ponerme unas zapatillas deportivas de nuevo y simplemente salir a caminar. Comencé en días alternos y muy poco a poco. Sinceramente, nunca tenía ganas de salir a andar a última hora del día por lo cansada que me encontraba, muchos días me faltaba motivación. Así que una vez más, ya sabes qué es lo que funciona para hacer las cosas: la disciplina.

Empieza por anotar en una agenda qué días vas a salir a andar (o realizar el deporte que elijas) y márcate unos días concretos para empezar poco a poco. Te sentirás muy bien si por lo menos uno de los días señalados lo has conseguido. Ya has dado ese primer paso.

Puedes comenzar con veinte minutos diarios y, si te parecen mucho, intenta a lo largo de tu jornada ir caminado a algunos sitios y distribuye tu tiempo de caminar en bloques de diez minutos.

Lo ideal es que hagas ejercicio físico a diario, o como mínimo entre tres y cuatro veces por semana. Prueba si te resulta más fácil apuntarte a un gimnasio. Intentar llegar a 1 hora diaria de ejercicio tras un periodo de inactividad, o si nunca has integrado este hábito hasta ahora, es una gran proeza de la que te sentirás orgulloso. Con esto comenzarás a sentirte mejor y por lo tanto tu mente empezará a funcionar mejor. Para emprender te tienes que encontrar bien física y mentalmente.

Mis pasos cada vez fueron más lejos y pasé de andar a correr con 37 años. Fue por un motivo personal: prepararme la carrera contra el cáncer junto a dos personas de las más importantes de mi vida que siempre sé que están ahí, mi hermana Silvia y mi tía Pepi. Entonces iniciamos una rutina de entrenamiento y un año después de marcarnos el objetivo, corrimos los 5 kilómetros por un buen motivo solidario. A partir de ese momento, me enganché a este deporte. Me desconecta mucho mentalmente y me ayuda a trabajar aún más la disciplina, la constancia, la resistencia y la superación personal. No compito con nadie, solo conmigo misma, con pequeños objetivos que me aportan mucha satisfacción. Tengo que decir también que este proceso no fue un amor a primera vista. Para conseguir llegar a treinta minutos corriendo, tuve muchos días de entrenos fallidos, y este tipo de objetivos me ayudaron mucho a reforzar hábitos que a mí me levantan el ánimo. Si tengo un mal día y salgo a correr, mi forma de ver las cosas cambia.

Con la ayuda de mi hermano Juan Ramón, profesor de Educación Física, conseguí prepararme y participar en varias medias maratones, las cuales digo con mucho orgullo y satisfacción personal que he conseguido acabarlas dentro del tiempo reglamentario.

Al marcarte objetivos que parece que no están a tu alcance y lograrlos, tu mente entra en otra dinámica y te das cuenta de lo importante que es atreverse a hacer cosas que nunca imaginaste. Perder el miedo al qué dirán, perder el miedo a hacer el ridículo, a que no te salga como tenías previsto, etc. Pero has hecho ya lo más importante: prepararte para ello e intentarlo.

Durante los días difíciles me viene a la mente esa sensación indescriptible de estar corriendo durante más de dos horas y conseguir llegar a la meta. Te das cuenta de que es la mente la que lo controla todo. Comprobé personalmente que si no tienes ninguna lesión o dificultad física, es la mente y el tipo de pensamientos que generas los que te llevan a la meta o, por el contrario, te dejan en el camino.

Correr una larga distancia es una prueba de resistencia mental más que física. Es la mente la que empieza a fallarte durante la prueba y tienes que dominarla. Recuerdo la sensación de cuando las fuerzas empezaban a flaquearme a menos de 2 kilómetros de llegar a la meta de mi primera media maratón. Y recuerdo con mucho cariño cómo me decía mi tía al mirar atrás: «Tenemos al coche escoba muy cerca y nos quedan 2 kilómetros para llegar, no nos vamos a rendir ahora después de haber llegado hasta aquí, vamos a apretar». Nos salió ese espíritu de superación que llevamos dentro y empezamos a remontar, todavía no sé cómo lo hicimos, pero fuimos dejando atrás a gente por el camino, y así fue como llegamos a la meta muy dignas las dos y con mucha emoción. En esos momentos te das cuenta de lo importante que es rodearte de gente que en algún momento de tu vida te dé ese impulso que necesitas para avanzar y llegar a la meta.

En otra media maratón, la de Córdoba, que hice diluviando y sola, a última hora se tuvieron que retirar por diversos motivos las personas con las que contaba hacerla. Me supuso un nuevo reto. Primero aceptar que la haría sola y segundo que podría haber decidido no hacerlo por las condiciones meteorológicas tan adversas, pero soy de las que ante la adversidad se crece y fui a por ello. Me visualizaba antes de empezar y durante toda la prueba llegando a la meta, donde sabía que me esperaban mis hijos, mi marido y mi tía, que vino a apoyarme, aunque no pudiera participar en esta ocasión. Me los encontraba en varios sitios del recorrido y me emocionaba mucho, me motivaba a seguir y no pararme.

Como novata y dado que la lluvia no era un factor que tuviera en cuenta, no llevaba la ropa adecuada. Era noviembre en Córdoba, el día estaba frío y diluviaba. Esto me supuso una vez más educar a mi mente para lograr llegar a la meta a pesar de los imprevistos. Ahora entiendo por qué los *runners* van con poca ropa encima, no pasas frío ni aunque te diluvie. Mi ropa calada al cabo de estar media hora corriendo ya pesaba el doble. En todo momento, visualizarme llegando a la meta era lo que me ayudaba a no pensar en el esfuerzo físico que suponía, por un lado, estar corriendo durante más de dos horas, y por otro, el peso extra que llevaba con la ropa mojada. Podía haber desistido de hacerla o abandonar, como hicieron muchos, pero mi mente solo contemplaba la meta y no tenía intención de rendirme. Con esto quiero compartir que hay muchos imprevistos que no vas a poder controlar, pero lo importante es la actitud con la que los vayas a afrontar. Participar en este tipo de pruebas me ha ayudado a superarme a mí misma en muchas ocasiones y a recordarme que soy capaz de conseguir todo lo que me proponga.

El ambiente de la media maratón, la gente animando, la ayuda y solidaridad de otros corredores de la prueba en los últimos kilómetros —que, sin conocerme me hicieron de liebre y me ayudaron para que no me quedara atrás y consiguiera llegar a meta—, es algo indescriptible y que me da fuerza en días malos.

Esto que cuento creo que solo puede ser entendido por alguien que haya sentido esa experiencia en su piel, atreverse a prepararse y a correr 21 kilómetros, media maratón, llegar a la meta con una sonrisa y emocionada. No compito con nadie, no soy atleta, simplemente integro el deporte como un hábito imprescindible que me aporta unos valores y disciplina que me resulta muy útil en mi vida personal y profesional.

A día de hoy, sigo corriendo, sin grandes pretensiones de tiempo ni de kilómetros, sino por el gusto de hacer un deporte con el que he conseguido ser constante, que me relaja y despeja, sobre todo, a nivel mental. Ahora mismo no hay pruebas deportivas de este tipo debido a la crisis del COVID-19, me encantaría volver a prepararme a mi nivel otras en un futuro.

De mayor, me encantaría verme con esa fuerza mental que me llevó a la meta para seguir cumpliendo con los propósitos que me marque. También me gustaría participar con mis hijos en alguna media maratón, quién sabe si a lo mejor soy yo la que os tiene que hacer de liebre…

Esta experiencia es un ejemplo de cómo la disciplina y priorizar tus metas te puede llevar a lugar insospechados.

3. Alimentarse bien. Planifica mejor tus menús

Las épocas de cambio, o si emocionalmente no te encuentras bien, suelen suponer desorganización de horarios, tanto en la alimentación como en otros aspectos. Es importante tomar las riendas de algo tan elemental como alimentarse bien y sentarse a comer con tranquilidad. Intenta establecer buenas rutinas y horarios de comidas, come saludable y con sentido común.

Comer en casa siempre que me ha sido posible ha sido una prioridad para mí, un punto de encuentro a nivel familiar que nos permitía darnos estabilidad en la organización del día a la hora de afrontar largas jornadas de trabajo.

Para poder ir más relajada a lo largo del día, me resultaba útil planificar mejor las compras y tener menús establecidos semanalmente, aunque no siempre hemos podido abordar esto de forma tan idílica y perfecta. Alimentarse bien y de una forma organizada va a ser otro de los aspectos imprescindibles a los que tienes que dedicar tiempo, tanto para cocinar como para planificar. Es cuestión de que priorices en tu agenda el menú de tus comidas y la lista de la compra. Intenta tener en tu casa productos saludables, porque en caso de ansiedad o en días agotadores es muy frecuente recurrir a comer cualquier cosa y de cualquier forma. Reconozco que no me gusta cocinar, pero le doy mucha importancia a alimentarme bien. Piensa en cómo te hablas o te tratas a ti mismo: comer cualquier cosa y de cualquier forma significa no respetarte ni cuidarte. Recuerda que el emprendimiento requiere un gran esfuerzo tanto físico como mental, y alimentarte bien te ayudará a encontrarte mejor en tu día a día. Tienes que empezar por ti para poder dar a los demás, y para ello tienes que alimentarte bien.

Si en algún momento sientes una ansiedad que te incita a comer, reconocer ese impulso y tener previstas algunas alternativas saludables es una opción que puedes controlar.

Anota en tu agenda ideas de menús que sean fáciles y saludables —no te olvides de comer fruta a diario e hidratarte bien—. Este ejercicio de anotar tus comidas sirve para que tengas constancia una vez más de cuál es tu situación actual para pasar a la acción. A lo mejor descubres que se te pasa la jornada laboral sin beber agua, los días sin comer fruta u otros alimentos saludables.

Ojo, esto no significa que renuncie a comer cosas que me apetecen. Reconozco que me encanta el dulce y no renuncio a nada. Intento controlar mi ansiedad y que no sea el dulce un recurso habitual para solventar un mal día. En muchas ocasiones no lo he conseguido, pero ya no me culpabilizo, porque he aprendido a aceptar mis emociones.

La organización de las comidas e intentar almorzar en casa me proporcionaba cierto equilibrio en mi día, era una prioridad en mi casa y en mi agenda.

Recuerda la importancia de marcar la prioridad de alimentarte bien e incluirlo en tu agenda a nivel de planificar mejor tus horarios de comida y tus menús. Estarás creando un buen cimiento si esta parte no la tienes muy integrada y vas por la vida alimentándote de cualquier forma. Dale la importancia que se merece.

4. La importancia de alimentar tu mente. Lee cada día

Lo mismo que alimentamos el cuerpo, debemos alimentar nuestra mente, y no de cualquier forma, en mi opinión. Un libro puede cambiarte la vida, puede sacarte de un pozo y darte luz, proporcionarte ideas y nuevas formas de ver las cosas.

Mis hijos, Luis Javier y Carlos son (sois) buenos lectores. Desde pequeños han venido conmigo a la biblioteca, me han acompañado a mis librerías preferidas, hemos disfrutado mucho de compartir juntos momentos de lectura al final del día y he procurado que cada uno tuviera su pequeña biblioteca en sus cuartos.

Espero que la lectura sea algo que los acompañe siempre estén donde estén y que no dejen de leer, aunque haya etapas que parece que el día lo absorbe todo.

Fue muy importante para mí durante mi transición hacia el emprendimiento reforzar este hábito diario. Me resultaba complicado integrarlo en mis jornadas por la coyuntura del momento —falta de sueño con niños pequeños, días largos…— y por la sensación de falta de tiempo que podemos experimentar en ciertas épocas de nuestras vidas.

Para conseguir reforzar este hábito, al igual que los anteriores, me funcionaba marcarlo como una prioridad en mi agenda. El momento en que uno se marca prioridades y las anota supone un avance importante que te invita a pasar a la acción.

Si no eres un buen lector ahora o dices que no tienes tiempo para esto, puedes plantearte comenzar por dedicar diez minutos diarios. Puedes, por ejemplo, reservarte un espacio a lo largo de tu día para ello.

Comienza con un libro que te atraiga, puedes también darte el placer de releer o de elegir un libro cuya temática te apetezca ahora leer. Hay momentos en los que uno está abierto a explorar libros diferentes. En mi caso, estar en varios clubs de lectura —uno de ellos me siento muy orgullosa de compartirlo con grandes amigas— me permite aprender mucho escuchando a los demás, así como tener la oportunidad de llegar a libros que no hubiera leído nunca. Personalmente, soy de las que suelo leer varios libros en paralelo y, dependiendo del día, me decanto por uno o por otro.

Al final de este libro encontrarás un listado de lecturas que me han aportado mucho valor en mi etapa de cambio hacia el emprendimiento.

5. Acabar bien el día

Le doy la misma importancia a cómo comienza mi día que a cómo lo termino. Tengo un sueño ligero e irregular, me desvelo con facilidad y, además, he tenido épocas de insomnio, por lo que esto me suponía afrontar muchos días sin descansar bien y sin poder tener claridad mental. Por este motivo, he comprobado que la calidad de mi sueño influye en cómo afronto el día. Me he esforzado aún más en integrar hábitos que me ayuden a irme a descansar en calma. Reconozco que no es fácil, porque cuesta mucho trabajo desconectar del estrés laboral o de los problemas personales, y cuando estás emprendiendo y tienes tu propio proyecto, más todavía.

Me resulta útil empezar a partir de las 18:00 desconectando del móvil, apagando las notificaciones y creando un ambiente relajado en casa. Cada uno puede crear su ritual. En mi caso, cenar en familia, dedicar este tiempo simplemente a hablar de cómo ha ido el día sin televisión y sin móviles es algo que, como rutina, hemos hecho desde siempre y veo que da sus frutos y aporta armonía.

Tener el buen hábito de preguntarme qué ha sido lo mejor del día y de hacer partícipes a mis hijos de este tipo de rutina hace que nos focalicemos en pensar en aquellos aspectos más positivos del día. Te hace sentir agradecido y valorar aún más lo que tienes.

Dedicar un tiempo a la lectura en esos momentos de calma para mí es imprescindible. Procuro concentrarme en ese momento presente para acostumbrar a mi mente a que no se vaya a otros pensamientos que sé que me quitan el sueño. Son hábitos que hay que trabajar cada día, y te recomiendo que lo hagas porque te prepara para cuando lleguen días difíciles que desequilibran tu estabilidad. A mí la lectura me evade y por eso termino mis días refugiándome en ella. Te invito a que termine tu día con algo que te proporcione bienestar para que tengas un mejor descanso.

Hay que soñar en bonito y a lo grande siempre, pero para soñar, hay que dormir y descansar.

CAPÍTULO 2

LOS PRIMEROS PASOS DEL EMPRENDEDOR

CARTA 5
El comienzo

La acción siempre vence a la pasividad.

R. Kiyosaki

Querido hijo:

Dar el primer paso para emprender o para abordar un cambio de ruta siempre es el más difícil. Tienes que aunar todos tus esfuerzos para pasar a la acción: a partir de ahí, se inicia un camino emocionante, con sus curvas y baches. Personalmente, he disfrutado mucho y sigo disfrutando del proceso, de cada etapa y de lo que me espera cada día. Para situarse en ese sendero hay que vencer esa pasividad y el vértigo que te da asomarte, ese miedo que puede bloquearte y del cual hablaremos más adelante. Los buenos hábitos que te he compartido fueron el cimiento que me ayudó a poder avanzar en mi nuevo proyecto de vida. Pasar a la acción puede llevarte semanas o meses, te animo a que te tomes tu tiempo y te des permiso de aceptar todas esas emociones que vas a sentir, porque en el fondo son muy positivas. Se está produciendo un cambio interior: ¡enhorabuena! Vas por buen camino. Estás vivo y afrontando nuevos retos. Según mi experiencia, ese comienzo de pasar a la acción me llevó a la idea de seguir formándome, así sin más. Esa fue la primera decisión a corto plazo que tomé y que me llevó a la acción que posteriormente desarrollaría para tener una idea de negocio.

En el año 2008 ya sabes que estábamos en plena crisis inmobiliaria y tenía claro que mantenerme en continúa formación me permitiría detectar mejor nuevas oportunidades. Era la puerta de entrada necesaria para poder reciclarme profesionalmente y saber focalizar mejor en mi nuevo rumbo.

Esta formación me permitió actualizar conocimientos, adquirir nuevas habilidades y descubrir nuevas tendencias. Por mi trayectoria laboral, decidí reconocer mis fortalezas y especializarme en aunar mis conocimientos en marketing tradicional —tal y como lo había vivido en mi trayectoria profesional— con la parte del marketing digital y las ventas.

Este acceso a una formación especializada fue el paso decisivo para situarme en este camino de abordar mi proyecto de emprendimiento. Esto ocurrió a principios del año 2013, y en diciembre de ese mismo año nacía Marketing Live Consulting S. L.

Durante este proceso, estar rodeado de personas que te apoyen es fundamental e imprescindible. Mi marido Luis, padre de mis hijos, compañero de viaje, compañero de vida, socio, ha sido el pilar que me ha impulsado a pasar a la acción. Tener ese cimiento emocional que te sustenta en días malos, una persona que se alegra de tus éxitos, a quien poder consultar muchas decisiones importantes o simplemente poder contar con alguien que te escuche sin prejuzgar es algo necesario, tal y como lo he vivido yo. En mi caso, él es la persona que me da esa tranquilidad y serenidad que a mí me falta en muchas ocasiones, y con la que formo un buen equipo para poder planificar y gestionar nuestro día a día a nivel personal y profesional. Cada uno en su espacio, pero con un proyecto de vida en común donde mi emprendimiento le ha llevado a él también a estar implicado en un nuevo estilo de vida. Compartimos esa visión conjunta de mejora constante que queremos tener en nuestras vidas.

Estuve trabajando en mi idea de negocio de forma paralela a esa formación intensiva durante varios meses. Los días empezaban muy temprano y acababan muy tarde, con sus noches irregulares, fines de semanas trabajando para sacar tiempo de donde no lo tenía y con niños pequeños y sus imprevistos diarios. Tener a alguien que te dé esa palmadita en la espalda tan necesaria, ese abrazo o empujón para seguir con tus planes y no venirte abajo cuando el cansancio hace mella en el ánimo es un pilar imprescindible a nivel emocional a la hora de abordar el emprendimiento.

Pregúntate cómo estás ahora física y psicológicamente. Emprender requiere mucho de ti cada día, ¿en quién te puedes apoyar de tu entorno? ¿Crees que te puede ayudar ese apoyo a ganar seguridad y confianza en ti mismo si sabes que tienes que hacer algo y te falta ese impulso para actuar? Si necesitas ayuda, pídela, no me cansaré de decirlo. Haz todo lo necesario por tu parte para pasar a la acción y no dejes de trabajar en los buenos hábitos que te hagan sentir bien, lo necesitarás.

Apóyate en esa persona o personas que te van a iluminar, y que sumen, no que resten. Eliminar a personas tóxicas fue de las primeras cosas que hice. En esta etapa de inestabilidad había gente que no entendía que yo pudiera emprender en mitad de una crisis económica y de un caos absoluto con dos niños pequeños. Me decían que buscara trabajo, que montar un negocio en mi situación y tal como estaban las cosas era una pérdida de tiempo. Me miraban como si se me hubiese ido la cabeza… A día de hoy ya no me dicen nada cuando me ven. Ni por supuesto están dentro de mi círculo: una vez que detecto a personas tóxicas las trato en su justa medida si no puedo evitarlo, o las elimino de mi día a día. Puede ocurrirte que esas personas tóxicas se encuentren en tu entorno familiar y tengas que aprender a tomar distancias.

En el proceso de emprendimiento que surge tras dar con una buena idea de negocio, tendrás que llevar esta idea a la tierra: la ilusión no es suficiente, necesitarás realizar un plan de empresa.

No te recomiendo emprender sin tener ese plan de negocio preparado, ya que puedes detectar aspectos importantes para el proyecto y que es muy probable que tengas que cambiar o que esa idea inicial evolucione. Es mejor que los detectes en este punto inicial, así como verificar que la idea de negocio es viable.

Mi plan de empresa lo desarrollé a través de un CADE (centros andaluces de emprendimiento) donde me asesoraron de forma gratuita y me indicaron los aspectos que tenía que tener en cuenta para desarrollar mi proyecto.

Este libro no es el oportuno para abordar las cuestiones técnicas para profundizar y analizar sobre la viabilidad o no de un plan de negocio, sino para recordarte la importancia que tiene plasmar tu idea de negocio con todo el proceso que supone materializarla en un proyecto real.

Si necesitas ayuda en esta etapa inicial para realizar tu plan de empresa, puedes solicitar información y acudir a centros de emprendimiento de tu localidad donde te podrán atender profesionales preparados para ello, o bien recurrir a mentores que de forma particular ofrecen estos servicios.

En mi caso, tardé unos cuatro meses en plasmar mi idea de negocio y visualizarla como un proyecto real. Este proceso me hizo entender que la idea de negocio inicial que tienes en tu mente puede evolucionar. Habrá que cambiar aspectos que inicialmente no habías contemplado, y esto me fue muy útil para poder definir objetivos reales que me permitieran pasar a la acción a corto plazo.

Hay que fijarse un plazo para ponerse en marcha y plasmar esa idea de negocio en un proyecto que pueda tener viabilidad en el mercado. En este proceso, recuerdo que realmente me había fijado otros plazos más cortos a la hora de abordar el proyecto, pero cada uno tiene sus circunstancias y estos plazos pueden variar o modificarse. Es importante que no te compares con nadie: ve avanzando. Lo importante es que no te detengas y tengas un objetivo concreto hacia el que dirigirte.

Por mucho que quisiera avanzar más deprisa, tenía que comprender mi situación personal, en la que mis días estaban llenos de imprevistos y tenía que ser flexible conmigo misma en la gestión y planificación de mi día, al tener niños muy pequeños y contar con poca ayuda en casa.

Esto suponía parte del proceso de aprendizaje, no podría disponer del control sobre las circunstancias ni sobre mi tiempo. Había semanas que avanzaba mucho y otras que muy poco. En esas semanas más lentas era cuando me daba cuenta de que esos hábitos que había implementado diariamente me aportaban equilibrio y disciplina para no venirme muy abajo y seguir avanzando. Recuerda que lo importante es seguir hacia adelante y fijarte un plazo con pequeños objetivos diarios para seguir tu ruta.

Todavía sigo recordando los pensamientos de esos días. Me decía a mí misma que era importante intentarlo y perder el miedo a equivocarme, que no pasaba nada si no salía. En el momento que comienzas a salir de tu zona de confort, te mueves en otras circunstancias, te encuentras en medio de una incertidumbre diaria al no saber qué pasará con eso que estás creando. Yo me sentía bien en el proceso, fluía. Recuerdo que tenía buena sensación a pesar del miedo, y avanzaba poco, pero avanzaba. Cuando quise darme cuenta, habían pasado ya esos cuatro meses, tras lo cuales vi materializada de forma real esa idea inicial que estaba en mi mente: tocaba pasar a la acción.

Recuerdo el día 1 de diciembre de 2013. Ese día me dirigía en mi coche sonriendo con toda mi ilusión de emprendedora novata al espacio de *coworking* que había alquilado en el Parque Tecnológico de Andalucía (Málaga). Y recuerdo esa sensación de caída al vacío, pero también el brillo de mi mirada. Recomiendo a los que estáis emprendiendo que consideréis trabajar en un espacio de *coworking*. Es una buena opción y asequible para tener un espacio de trabajo fuera de casa y crear sinergias con otros emprendedores que pueden ser clientes tuyos.

Creo que con el paso del tiempo he sabido ponerle palabras a ese sentimiento que me embargaba ese día y al cual regreso en muchos momentos malos en los que me cuesta verles color a muchas cosas. Es la pasión e ilusión que siento y que me motivan de mi trabajo; es el sabor de descubrir el propósito de mi vida gracias al emprendimiento. Y en ese sentimiento me refugio, porque me reconforta ante los problemas y me hace regresar a ese punto vital por el que emprendí.

Hacer realidad mi proyecto, crear algo propio, un negocio basado en mis fortalezas a través del cual pudiera aportarle valor a otras personas.

Entendí qué significa sentir pasión por tu trabajo y que no te pesen los días ni las horas. Recuerdo también la sensación de salto al vacío y de miedo, pero era un miedo que no me bloqueaba. Sentía la incertidumbre en mi piel con todos sus matices en cuanto a intensidad, pero aquella mañana del 1 de diciembre también me sentía libre. Libre y feliz de poder decidir y elegir emplear mi tiempo en trabajar en algo que me apasionara.

CARTA 6
Ya no hay vuelta atrás

Querido hijo:

Si ya tienes tu idea de negocio desarrollada y has pedido ayuda como decía en mi carta anterior, entonces ya no hay vuelta atrás. Te encuentras en pleno proceso de tu nuevo proyecto de vida, has pasado a la acción y estás ya en un proyecto de emprendimiento —o quizás todavía no, pero has salido de tu zona de confort y te estás acercando a ello—.

En este proceso de pasar a la acción y de ejecutar tu idea de negocio, materializar ese plan de empresa en el que has tenido que marcarte unos objetivos a corto plazo, tendrás que comenzar con varias decisiones importantes.

Una de ellas es saber optimizar bien con qué recursos cuentas para abordar tu proyecto para saber qué puedes ir creando. Puede que necesites financiación y acudir a un banco, o cuentes con ahorros propios para ello, o requieras que alguien confíe en ti y te adelante un dinero que te hace falta para esta etapa inicial.

Sí, el tiempo es dinero, no podrás ser especialista en todo, tendrás que invertir tu tiempo en pedir diferentes tipos de presupuestos dependiendo del proyecto que vas a crear.

Te resumo algunos aspectos acordes a mi proyecto por los que yo tenía que comenzar a tomar decisiones y destinar una inversión en ello.

1. Creación de la marca. Elegir el nombre de la empresa, aspectos legales relacionados con la constitución de la empresa, registro de marca, gastos iniciales de gestoría.

2. Inversión en la creación de la identidad corporativa: logo, material corporativo.

3. Inversión en la creación de la web.

4. Inversión en estrategia de marketing digital: redes sociales, generación de contenido en blog corporativo y trabajar el posicionamiento de mi marca.

5. Formar un equipo de trabajo. No podía abarcar todas las especialidades de marketing digital yo sola. Por este motivo, aposté por crear una red de colaboradores con alto nivel de especialización para que, de forma conjunta, abordásemos los proyectos aunando la especialidad de cada uno, consiguiendo una alta calidad en los resultados.

6. ¿Te asocias con alguien o mejor solo? En mi caso, no me planteé emprender con uno o varios socios que trabajaran conmigo inicialmente o de forma paralela en la empresa. Debido a ese nivel de profesionalización que requería mi negocio para ofertar diferentes tipos de servicios profesionales en el área digital, opté por conseguir con colaboradores en vez de mediante socios. Me rodeé de grandes profesionales del sector a través de una red de

colaboradores especializados en el área que necesitaba, tanto de Málaga como de fuera. Estos profesionales han formado parte del equipo durante mucho tiempo y hemos creado muy buenas sinergias de trabajo.

Yo estaba segura de mi proyecto y de mi proceso de emprendimiento, pero no todo el que inicia una empresa está preparado para hacerlo con socios. Creo que es mejor emprender solo si no tienes claro con quién quieres aliarte para sacar tu proyecto adelante, porque las diferencias de criterios o los obstáculos pueden transformarse en un lastre para el negocio.

7. ¿Ir a una oficina o trabajar desde casa? En mi caso y por mis circunstancias de aquel momento, necesitaba disponer de un espacio fuera de casa para atender a clientes y colaboradores y firmas de contrato. Por este motivo, decidí alquilar un espacio de *coworking* para poder separar mi parte profesional de la personal y crear también sinergias con otros emprendedores.

Recuerdo con mucho cariño el día que elegí el nombre de mi empresa Marketing Live Consulting. El nombre de tu marca es imprescindible que lo elijas bien y que tomes tiempo en ello. La primera decisión es si tu marca va a llevar tu nombre personal y lo quieres vincular y trabajar con ella, o bien si optas por un nombre comercial de empresa que se identifique con el sector en el que vas a operar. Esa es la primera decisión importante que tuve que plantearme. Crearía una marca separada de mi marca personal de Esther Reinoso. Llevaba varias semanas haciendo lluvia de ideas y no daba con el nombre, todo me parecía que no encajaba.

Aquella tarde de octubre estaba con mis hijos en un parque infantil y no paraban quietos ni un momento... No sé ni cómo me llegó la iluminación en esos momentos, pero llegó.

Tenía sobre mi mesa mi bloc de notas y comencé de nuevo a enlazar nombres, a tachar y volver a conjugar palabras. Y así, entre biberones y con un boli y papel, para mi asombro —porque nunca imaginé que me decantaría por un nombre en inglés— escribí uno fácil de pronunciar: «MARKETING LIVE CONSULTING», que en español significa: «Consultoría de marketing en directo». Lo tenía clarísimo y tras comprobar que el dominio estaba disponible y reservarlo, procedí a crear la identidad corporativa. Ese nombre tenía que llevar una imagen coherente con la que yo me sintiera identificada.

Tardé tres meses, de octubre a diciembre, en crear esa identidad corporativa y diseñar la web de Marketing Live.

Veo por ahí emprendedores con logos que no los representan, logos genéricos que han copiado de internet. Le doy mucha importancia a elegir un nombre adecuado y a la identidad corporativa. Si no eres diseñador gráfico, busca siempre a buenos profesionales de cada área. Es una buena inversión, y como dice el refrán: «Zapatero a tus zapatos». No te recomiendo que hagas tú el logo si no eres un experto. Sí, esto a la larga te será rentable. Lo poco o mucho que hagas, procura siempre que esté bien hecho.

Te explico lo que veo y siento al ver mi logo, que fue lo primero que creé de mi proyecto. Fue un amor a primera vista. Tras un buen *briefing*, mi compañero Pablo, diseñador gráfico, captó toda la esencia de lo que yo tenía en mi mente y supo plasmarlo. Sigo enamorada igual o más que el primer día. Es un bonito amor, de esos que perduran y crecen. Me encanta y no me canso de verlo. Aparte de eso, hay más. La imagen es un tangram con una gama de colores muy vivos que en su unidad aportan armonía. Cada pieza encaja perfectamente con la siguiente para formar un bonito rombo.

Esta figura simboliza cómo acompañamos y ayudamos a nuestros clientes, ofreciéndoles soluciones muy personalizadas y con un alto nivel de especialización por parte del equipo de profesionales que abordamos las diferentes estrategias de marketing digital y ventas que nos solicitan. Esa imagen va acompañada del nombre de la empresa: «Marketing Live Consulting». La última palabra está diseñada con una tipografía que imita un trazado manual de escritura, indicando la exclusiva y cuidada atención al cliente que ofrecemos.

Hay detalles que marcan la diferencia, y la imagen que representa tu proyecto o tu negocio, cuando se ha trabajado, se nota y mucho.

Entre otros aspectos que fueron relevantes para mí y que me llevaron tiempo definir antes y durante el proceso de poner en marcha la empresa fueron estos dos:

1. Conocer muy bien el tipo de cliente al que me iba a dirigir en plena crisis.
2. Propuesta de valor.

1. Definir a tu cliente ideal

Es un error habitual pensar que tu cliente es todo el mundo. Es una pregunta que me suelo hacer cuando van a contratar mis servicios. Me sigo sorprendiendo de que realmente muchos empresarios o emprendedores no tengan claro quién es su cliente y responden a esta pregunta de forma muy genérica. Hay que pararse muy bien en este aspecto, toma tu tiempo para detallarlo y desglosarlo bien. De lo que se trata es de detectar a ese cliente que está dispuesto a pagar por nuestro producto o servicio porque realmente le soluciona un problema. Una de las cosas principales es tener claro que no tienes por qué gustarle a todo el mundo, ni tampoco puedes dirigirte a todos tus clientes de la misma forma.

A veces hay circunstancias externas a tu proyecto, como me ocurrió a mí al emprender en una crisis, que te obligan a marcar un valor diferencial con referencia a otra etapa. Esas circunstancias me permitieron tener clientes desde los primeros meses de la puesta en marcha del proyecto. Ese valor diferencial se traslada en la propuesta de valor que presentaba a mis clientes.

2. Crear una propuesta de valor

La propuesta de valor que tienes que interiorizar y trabajar se resume en saber transmitir tu valor diferencial y los beneficios que vas a aportar a tu cliente de una forma clara y sencilla, sin tecnicismos. La propuesta de valor que en Marketing Live he trasmitido a los demás es la de una empresa que resuelve sus problemas en el ámbito digital, en la que se sienten acompañados y asesorados en su proceso de digitalización. Para ello, me hacía entender con el cliente para conectar con sus necesidades de aquellos momentos y ofrecerle realmente soluciones muy personalizadas. Esto te lleva también a entender y a comprender la importancia de saber vender tu proyecto, tienes que detallar tu propuesta de valor, interiorizarla para saber transmitírsela a los demás. Por este motivo hay habilidades transversales, como son las de comunicación, que considero imprescindible mejorar tanto si están dentro de tus fortalezas como si no.

Todos llevamos un vendedor dentro, aunque no sepamos vender ni nos dediquemos a la venta. Puede que estés creando un proyecto, optando a un trabajo, afrontando un nuevo reto profesional… En alguna etapa de nuestra vida tenemos que sacar a ese vendedor que llevamos dentro para saber transmitir nuestra propuesta de valor como profesionales, y esto es algo que se puede trabajar para saber marcar la diferencia.

Por ejemplo, cuando en 2013 nació Marketing Live, hice un estudio de mercado de pequeñas pymes por sectores que me permitió detectar qué necesidades tenían en esos momentos.

Durante la crisis económica, estas pymes y autónomos no disponían de liquidez suficiente como para poder invertir en marketing digital o abordar muchas cosas a la vez, pero sí sabía que tenían que hacerlo poco a poco.

Mi propuesta de valor que marca la diferencia es que confían en mí y en lo que representa Marketing Live porque encuentran una empresa que les aporta soluciones totalmente personalizadas. Nuestros clientes se sienten muy acompañados en el proceso, encuentran la tranquilidad de disponer de un equipo de profesionales de confianza, honestos, con una atención al cliente muy cuidada y que se esfuerza en todo momento en ayudarles. Con atención personalizada y flexibilidad de pago en todo lo que necesitan para que puedan invertir en su estrategia de marketing digital y de ventas sin sentirse agobiados en época de crisis. Tenía clara la importancia de tener la capacidad de adaptarnos a diferentes tipos de negocios en cuanto a sectores y tamaños de empresa.

De esta forma, muchas de ellas empezaron a trabajar su presencia digital, estrategia en redes sociales, crearse una web corporativa que no tenían, etc. Era una propuesta de valor dirigida a un *target* que necesitaba flexibilidad en plena crisis y que gracias a nosotros consiguieron abrirse a nuevos canales, como las redes sociales, que les permitieron promocionarse mejor y llegar a nuevos clientes. Muchos de esos clientes me siguen acompañando hoy día, siguen contratando nuestros servicios, ampliando sus recursos. Y lo más importante es que nos recomiendan y son prescriptores de nuestra marca.

Esto me permitió tener una cartera de clientes desde los primeros meses para Marketing Live Consulting, pero no significa que yo, como Esther Reinoso, pudiera tener unos ingresos constantes, y eso hay que tenerlo en cuenta. Esto me lleva a recomendarte que aun así debes de ponerte un sueldo. No es por desanimarte, sino para que seas realista y veas que tendrás que tener previsto que pasarán meses, incluso un par de años, hasta que puedas decir que puedes vivir de tu negocio y que sea rentable. Es parte del proceso y por eso veo tan importante todo lo que hagas por ser fuerte mentalmente.

Este proceso de conseguir tus primeros clientes es muy duro, pero cuando lo consigues son tales la satisfacción y el aprendizaje que te generan una motivación increíble.

También te comparto que me he equivocado en la estrategia inicial. Tuve que cambiar de rumbo varias veces, no sabía planificar muy bien la parte administrativa porque me dedicaba más a la parte estratégica, y nunca han sido mi fortaleza las tareas administrativas, las facturas, etc. Me resultaba muy engorroso estar pendiente de tantas cosas a la vez, tareas para las que nadie te prepara. Tienes que dar cabida a la importancia de saber delegar. A mí no me resultaba nada fácil el día a día cuando gran parte de mi tiempo tenía que ir dirigido a dar a conocer mi empresa a esos potenciales clientes y preparar toda la parte estratégica. De ahí la importancia de pensar en contar con otros profesionales que pudieran aportarme valor, y así fue como pude delegar algunas funciones. Nadie te prepara para perder clientes, o para que te digan que no o para que ni siquiera te atiendan. Una de mis fortalezas al estar tantos años trabajando en temas de ventas es la tolerancia a la frustración, pero aun así es duro. Hay que trabajar mucho y sembrar para poder luego recoger. Es un proceso que requiere paciencia. Te ilusionas tanto con proyectos que crees que van a salir, les dedicas mucho tiempo a preparar las propuestas comerciales y te das cuenta de que el cliente ni siquiera se ha molestado en mirarlo ni en responderte, porque se ha guiado por unos simples números sin valorar otras cuestiones… ¡y tú pensando que ese era tu cliente ideal!

Me he topado con clientes tóxicos para los que era imposible cumplir sus expectativas, clientes que no han pagado mis servicios y que han supuesto una gran pérdida de tiempo. Pero sin duda han sido un gran aprendizaje para saber el tipo de cliente que no quería en Marketing Live, y cómo tenía que gestionarlo.

Aprendí a prestar más atención a mi intuición, a mis sensaciones. Sentía que, pese a todo, iba por buen camino, disfrutaba de cada día, me levantaba ilusionada y con entusiasmo. Esa ilusión que me sigue acompañando igual o más que el primer día, y me invita siempre a estar en continua línea de mejora. He tenido días muy malos, agotadores, días en que te replanteas todo, pero la ilusión te sigue acompañando y no te ves haciendo otra cosa ni te planteas que el proyecto sea inviable.

Asimilar que estás creando un nuevo estilo de vida no es fácil, estás eligiendo y creando tu propia suerte y circunstancias. Será algo que perdure en el tiempo, un negocio que irá evolucionando contigo, pasará por diferentes etapas y en todas ellas hay un proceso de aprendizaje y crecimiento personal que te acompañará siempre. Eso es indescriptible y te engancha.

¿Recuerdas cómo te has sentido cuando te has enamorado de alguien de verdad? Es algo que se te nota en la mirada. Esa sensación e idea romántica de emprendimiento existe, te enamoras de tu empresa ciegamente porque confías en lo que haces y en lo que ofreces. No te importa trabajar un domingo, porque haces algo que realmente te apasiona. Esto se nota y te lo notan.

Sea cual sea la edad o circunstancia que tengas en estos momentos, que nadie te diga que no tienes edad para emprender o que no eres capaz de hacer realidad ese sueño que te ilusiona donde la motivación y la perseverancia serán compañeras de viaje.

Te voy a contar una historia inspiradora de emprendimiento que me impacta cada vez que la leo. Es la historia de Harland Sanders, conocido como coronel Sanders, el fundador de una de las franquicias más grandes del mundo, KFC (Kentucky Fried Chicken).

Con 62 años de edad y en la quiebra económica, consiguió vender la calidad de su receta de pollo viajando por todo el país en coche, cocinando su producto de restaurante en restaurante para que, tanto dueños como empleados, lo probaran y lo conocieran. Recibió muchos rechazos, dormía en el coche porque no se podía permitir gastos de alojamiento. Pero unos años después, a los 74, el Coronel Sanders ya tenía seiscientos establecimientos.

«Si tuviera que decirle algo al mundo, una moraleja de mi vida, probablemente sería que no renuncies a tus sueños ni a los 65 años, porque tal vez tu barco aún no ha llegado. El mío aún no lo había hecho», coronel Sanders.

CARTA 7
El miedo. Salir de la zona de confort

Querido hijo:

Vamos a coger de la mano al miedo y a avanzar con él. Te felicito si sientes esa sensación de salto al vacío, eso es bueno, aunque ahora no lo veas así, porque es una sensación que incomoda hasta que no consigues dominarla. Todo es difícil antes de ser fácil; estás saliendo de tu zona de confort y eso genera cambio, y el cambio te abre la mente, y una mente flexible es lo que necesitas para controlar el miedo que genera la incertidumbre y avanzar en tu proceso de emprendimiento.

Quiero transmitirte estas maravillosas palabras de K. Gibran que describen cómo me sentí en mi proceso interior de abrazar el miedo y la incertidumbre:

«Dicen que antes de entrar en el mar, el río tiembla de miedo: mira para atrás, para ver su recorrido, para ver las cumbres y las montañas, para ver el largo y sinuoso camino que abrió entre selvas y poblados, y ve frente a sí un océano tan extenso que entrar en él es nada más que desaparecer para siempre. Pero no hay otra manera: el río no puede volver, nadie puede volver, volver atrás es imposible en la existencia. El río precisa arriesgarse y entrar en el océano. Al entrar, el miedo desaparecerá, porque en ese momento sabrá que no se trata de desaparecer en él, sino de volverse océano», Khalil Gibran (1883-1931).

Te vuelves océano. El miedo te acompañará, lo sigues sintiendo, pero continúas hacia delante porque tú ya no eres el mismo. Sigues a tu intuición, que te impulsa a continuar porque sientes algo positivo en este avance. Te sientes bien, pese al miedo.

Para llegar a este punto, donde la incertidumbre y el miedo no son tan mala compañía, tienes que trabajar interiormente este proceso mediante hábitos. Los hábitos que te recomendé en el primer capítulo son y fueron un cimiento importante para mí en este proceso.

Crear un negocio, un proyecto propio y un cambio de vida genera una sensación de caída libre literalmente hacia el vacío. Nadie te va a garantizar que te pueda salir bien, no tienes sensación de protección y eso genera mucho miedo. Miedo al fracaso, miedo a equivocarse, miedo a que te vean como un fracasado y al qué dirán…

Cuando yo entendí en mi proceso interior que no pasa nada por equivocarse y tener que empezar de nuevo, que no tienes nada que perder por intentarlo y aceptar ese miedo como una señal de cambio positivo, empecé a avanzar con más fluidez.

Puede que la vida te haya llevado a estar fuera de tu zona de confort obligatoriamente, como nos ha pasado en el año 2020-2021 con la crisis sanitaria del COVID-19, cuando muchas personas se han encontrado con el cierre de sus negocios, sin empleo y lo que es peor, la pérdida de seres queridos.

En estas circunstancias de adversidad, solo los más fuertes mentalmente son los que llevarán mejor el estar fuera de su zona de confort, abrazarán la incertidumbre, y aceptarán esa emoción del miedo como acompañantes para poder seguir nadando y mantenerse a flote.

Esa actitud y tener una mentalidad flexible y abierta al cambio no es algo que se consiga de un día para otro, como te he comentado, tienes que empezar ya si no lo has hecho hasta ahora. Hoy es un gran día para comenzar a implementar nuevos hábitos. Si necesitas ayuda en este proceso, pídela.

La gestión interna que sucede cuando uno aborda una crisis como la actual no es igual en mentalidades cerradas y con actitud pasiva hacia el cambio —que se encontraban bajo una falsa sensación de seguridad o pensaban que controlaban su día a día— que la de las personas mentalmente más abiertas y flexibles.

Personalmente, esta crisis sanitaria la estoy viviendo mentalmente más preparada que la anterior del 2008, aunque las circunstancias son diferentes y yo también era otra persona diferente a la que soy hoy.

La incertidumbre y la ansiedad de la época actual —en la que estamos luchando como sociedad contra una terrible pandemia, con un alto número de fallecidos y con un impacto económico brutal—, en mi caso, no es lo que estoy llevando mal, sino la falta de libertad. Los periodos de cuarentena, tener que llevar la cara tapada con mascarillas desde hace un año… Esto supone aprender de nuevo a gestionar mejor mis emociones, a cuidar aún más de mi energía y de mis hábitos, darme el permiso de tener días donde la ansiedad por el ambiente en el que estamos me ha afectado o aceptar la tristeza por la pérdida de tantas personas. Parecen números, pero cuando dicen cifras en los medios de comunicación lo que hay detrás son familias rotas.

En todo este proceso el miedo sigue a mi lado, pero no me bloquea, porque he conseguido adaptarme a las circunstancias con rapidez. He seguido viendo oportunidades de crecimiento, he creado nuevos proyectos, nuevas oportunidades abriendo o potenciando otras líneas de negocio en mi empresa, porque mi mente está acostumbrada a pensar en positivo y eso es algo que sigo cuidando a diario, aunque requiere mucho esfuerzo. Creo que las oportunidades están ahí para todos, incluso en época de crisis. Sin embargo, quizá ni puedes verlas ni ponerlas en marcha porque tu mente no está preparada para ello y el miedo te bloquea nada más pensarlo.

CAPÍTULO 3
LANZARSE A LA PISCINA

CARTA 8
Diciembre de 2013.
Lanzamiento del proyecto

Querida Esther:

Escribo esta carta a tu yo —mi yo— de aquel día 1 de diciembre de 2013, fecha que elegiste para lanzar tu proyecto, sin saber por qué ese día en concreto. Sí sabías que los finales de año suelen traerte cambios importantes y eso te daba buena sensación; además, sentías que no querías retrasar más ese momento porque las condiciones nunca serían perfectas.

Te quiero felicitar hoy desde la distancia por ese gran logro y éxito que supuso para ti el hacer realidad tu proyecto y atreverte a pasar a la acción, porque cada logro comienza con la decisión de intentarlo. Te felicito también por tu valentía, es bueno que recuerdes que eres valiente, que te felicites más a menudo por ello y que te traslades a ese día 1 de diciembre cada vez que lo necesites, en épocas o días de bajón. Para recordarte a ti misma el motivo que te llevó a emprender y te llenes de esa buena energía que tenías en ese momento pese a todas tus inseguridades y a todos tus miedos.

Tengo que decirte que tienes muchos motivos para sentirte orgullosa, porque no es cuestión de buena suerte —como lo pueden llamar algunas personas— que sigas hoy día, 10 años después, con tu empresa. Que sigas aquí y ahora bajo esas circunstancias es lo que tú creaste con disciplina, esfuerzo, trabajo y dedicación.

Te tengo que recordar algunas cosas que te fueron muy útiles en tu etapa de lanzamiento para que no se te olviden y sigas así:

1. Sigue dando el 100 % en todo lo que hagas. Sé que ha sido muy duro en tu fase de lanzamiento y en los años posteriores, porque era agotador y lo sigue siendo, pero es algo que te caracteriza: no sabes hacerlo de otra forma. Eres muy intensa, pero no pasa nada.

2. Eres real, no perfecta con todas tus imperfecciones y con todas tus equivocaciones que te cuesta tanto asimilar. Relájate un poco, que el camino tiene muchas curvas y te queda mucho aprendizaje por delante.

3. Te ha costado mucho llegar a tener paz mental y sobre todo mantenerte en ella. Ya sabes que no tiene precio y te felicito por aprender —a base de muchas caídas— a dejar ir de tu mente todo lo que no ha dependido de ti y no has podido controlar.

4. Has tenido que resolver tantos imprevistos diarios, urgentes, importantes y de todo tipo para acabar estableciendo como máxima prioridad del día estar presente en tus dos mejores proyectos: tus hijos. Esos proyectos tan maravillosos que tienes entre tus manos y que evolucionan tan deprisa que no te dan respiro y exigen adaptarte con rapidez para intentar estar a la altura de las circunstancias constantemente y en cada etapa.

Recuerdo ese primer día de diciembre en el que lo mejor que llevabas puesto era tu sonrisa. Sonreías al volante del coche de ilusión, de ganas. No podías disimular tu motivación interna y sin duda la sonrisa era tu mejor maquillaje para cubrir unas ojeras, que te llegaban al suelo, de un tono verde y azulado que no tenían arreglo. Te sonreías a ti misma porque todo va mejor con una sonrisa por delante. También para controlar emocionalmente los nervios y ocultarte esos motivos que delataban esos días de insomnio provocados por la inseguridad y el miedo que nos acompaña en el proceso. Caerte al vacío sin paracaídas da vértigo e impone mucho, tanto que te quitó el sueño, Esther, pero no la ilusión ni la motivación de pasar a la acción.

Era el momento de trazar una línea de trabajo para poder desarrollar los objetivos que te habías planteado. Pasar a la acción para comenzar un negocio te situaba en un punto de partida. Comenzaba un nuevo capítulo de tu vida, similar a estar ante una hoja en blanco que tendrías que escribir con tu propia letra, porque esas circunstancias las habías creado tú y todo dependía de ti.

Nadie te había preparado para muchas cosas que no sabías cómo gestionar, porque a emprender se aprende emprendiendo, y había muchos aspectos desconocidos para ti que requirieron de iniciativa, como estar continuamente formándote, incluso por tu cuenta: leíste mucho sobre emprendimiento, ventas, gestión, acudiste a *masterclass* de formación específica relacionada con tu sector… Menos mal que sigues sonriendo pese a todos los problemas, porque hay algo que siempre notas que está por encima de todo, y es la pasión que sientes por tu trabajo y tu proyecto. No te ha abandonado la ilusión ni la motivación, aunque a veces has estado cerca de tirar la toalla.

CARTA 9
Aciertos

Querida Esther:

Esta carta te la vas a dedicar a ti misma para recordarte aquellas cosas que crees que hiciste bien, porque es bueno y agradable trasladarse a esos momentos en los que te sientes orgullosa de tus decisiones.

1. Lo primero es felicitarte. Es bueno felicitarse a uno mismo por los avances, por lo que tienes y has conseguido, porque cada logro comienza con la decisión de intentarlo. Reconocer la valentía que hay que tener para pasar a la acción en algo que te propongas sin que el miedo te paralice. Sentir agradecimiento y gratitud por todas las circunstancias adversas que te han llevado al emprendimiento y a este nuevo estilo de vida.

2. Tomaste la decisión adecuada en esos momentos de disponer de un espacio de trabajo fuera del despacho de casa, para así poder organizar mejor las jornadas a la hora de conciliar y de trabajar en tu proyecto. Te resultaba muy difícil separar la parte profesional de la personal en el mismo espacio por la intensidad de los días con niños tan pequeños y con las necesidades del negocio. Por este motivo, optaste por un espacio de *coworking* en una zona de oficinas cedidas por el Ayuntamiento de Málaga en el Parque Tecnológico de Andalucía, que daban más facilidades a emprendedores y que no te supusiera un gran costo inicial a la marcha de tu negocio. En época de crisis, además, una de las ventajas de emprender, es que se suele encontrar buenos precios de alquileres.

3. Hiciste buen uso de todos los recursos tecnológicos y de internet que tenías en tu mano para promocionar la empresa. A través de estrategias de marketing digital —que te permitieron optimizar el presupuesto e inversión inicial—, pudiste hacer buenas campañas de *branding* para dar a conocer la marca. Fo-

calizaste todos los recursos de promoción en redes sociales y en comenzar a trabajar el tema del posicionamiento en Google a través del blog como estrategia que te proporcionaría buenos resultados a largo plazo.

4. Fijaste muy bien los objetivos a trabajar a corto y medio plazo en el ámbito digital y en los canales en los que se encontrara tu cliente. Pienso que estamos en una era tan tecnológica que contamos con más recursos que nunca para emprender y ayudarnos a promocionar nuestros productos o servicios por todos los canales que proporciona el ámbito digital. Pero también viste importante fijar objetivos para saber focalizar muy bien los recursos iniciales y así lo hiciste. Promocionaste el negocio en el ámbito digital —que estaba a tu alcance con presupuestos más económicos— y te dieron mejor resultado por el enfoque tan segmentado que te proporcionaban estos canales que si hubieras intentado hacer uso de los medios tradicionales de prensa o radio. No considero que montar un negocio esté vinculado por regla general a tener que desembolsar un gran capital inicial. Se puede emprender y empezar poco a poco y así lo hiciste.

5. Tomaste decisiones a corto plazo muy resolutivas para poder ponerte en marcha con agilidad:
- Invertir en un buen ordenador y en un buen *smartphone*.
- Tener previsto el gasto de alquiler de oficina de *coworking*.
- Contar con los gastos de mantenimiento, en tu caso del coche, y con el tiempo optaste por pasarte a un *renting*.

- Contar con gastos administrativos y de gestoría.
- Crear un equipo de profesionales especializados, una red de colaboradores para, por un lado, poder cubrir todas tus necesidades al abordar la estrategia de marketing digital con sus gastos añadidos y, por otro lado, para crear la estructura inicial para atender los diferentes proyectos.

Uno de los mayores aciertos, de los que te puedes sentir más orgullosa es del equipo de profesionales que formamos Marketing Live, es el mayor valor que tiene tu empresa para poder cumplir las expectativas de nuestros clientes. Ha sido imprescindible apostar por el talento. Además de buenos profesionales, es importante que sean buenas personas, algo que no es tan sencillo como parece. A la hora de elegir a esos profesionales, tuviste claro que la actitud era imprescindible y que fueran personas que sumen, personas resolutivas y personas positivas.

En tu apuesta, además de la especialización, necesitabas contar con un equipo de profesionales con un alto nivel de cualificación y de experiencia. En este modelo de negocio tuviste previsto desde el principio trabajar en ese entorno colaborativo de crecimiento profesional, tanto por lo que pudieras aportarles tú con Marketing Live y por lo que ellos pudieran crecer contigo. Con el paso del tiempo, derivó en contar también con empresas que fueron *partner* tanto en España como en Latinoamérica.

Actualmente, sigues trabajando con muchos de los que empezamos inicialmente y con otros perfiles nuevos que se han ido incorporando para abordar las diferentes necesidades de cada tipo de proyecto. Otros, de los que siempre te quedará un buen recuerdo, tomaron caminos diferentes en algún momento de este viaje. Te sacan la sonrisa por los buenos momentos y también por cómo supisteis abordar los malos que muchas veces surgen en el día a día. Te gusta recordarlos porque forman parte de lo que es hoy Marketing Live. Siempre les estarás agradecida por lo mucho que has aprendido de ellos y lo que han significado para ti. Muy especialmente les quiero dar las gracias a Ana, Inma, Pablo, Virginia, José Antonio, Fran, Alba, Francisco, la suma de cada uno de ellos da sentido a lo que simboliza nuestro logo: ese rombo de colores en forma de tangram que aporta un todo al cliente, la solución de problemas y personalización de las necesidades que le ofrecemos desde Marketing Live Consulting.

6. Otro de tus grandes aciertos fue establecer y esforzarte mucho por dedicar tiempo a mantener siempre una comunicación muy fluida y escucha activa para tener un contacto muy directo tanto con el cliente como con los compañeros de trabajo. Es la forma de trabajar que tienes y que, aunque con el tiempo has ido delegando algunas cosas, hay otras que forman parte de tu ser y es inherente, es inevitable. Realmente te preocupas por saber cómo están tus clientes, te preocupan sus problemas, al igual que te esfuerzas por saber cómo están tus compañeros, más allá de la parte profesional. Si tienen un problema o un mal día te gusta saberlo y poner de tu parte para que todo vaya mejor. Si has podido flexibilizar el trabajo en esos días o adaptarlo, lo has hecho, y todo lo que está en tu mano para hacernos la vida más

fácil a todos. Creo que es imprescindible tener buena comunicación y empatía, y tú eres así, y en el ámbito de la empresa y del emprendimiento creo que son fortalezas.

Te gusta estar ahí en lo bueno y en lo malo, porque realmente cuando algo te importa no sabes actuar de otra forma. Te importan tu equipo y tus clientes de verdad, tienes con todos ellos una relación muy cercana y te alegras tanto de sus éxitos como lamentas sus problemas.

7. Has mantenido como una prioridad no demorarte con pagos ni deber nunca dinero a ningún proveedor. Es algo que te quita el sueño. Si un cliente no te ha pagado a tiempo o nos ha debido dinero, tu equipo de colaboradores siempre ha estado al día en todos los pagos de los trabajos realizados. Esto te ha generado problemas de liquidez en muchas etapas, puesto que todos los clientes no han pagado de la misma forma ni en el mismo plazo. También te ha supuesto quebraderos de cabeza, has tenido que adelantar pagos de trabajos no cobrados por parte del cliente para que nadie se quedara atrás, pero no te arrepientes de ello. No sabes actuar de otra forma en este tema tampoco, pero también tengo que decir a tu favor que no todo el mundo es así.

8. Siempre has buscado a profesionales a los que realmente les apasiona su trabajo, porque no entiendes otra forma trabajar para poder dar a los demás lo mejor de ti. Tienen un alto nivel de compromiso y profesionalidad con Marketing Live, contigo y con nuestros clientes.

Son grandes compañeros con los que has conseguido mantener un alto nivel de comunicación y la confianza suficiente para poder delegar en ellos. Y eso fue un gran logro para ti.

9. Cuando a raíz de 2020 y la pandemia de la COVID-19 se tuvo que implementar de forma forzosa en España el famoso teletrabajo, nosotros ya teníamos esa forma de trabajar implementada, puesto que muchos de los profesionales que trabajan para Marketing Live lo pueden hacer desde casa, desde cualquier parte España o del mundo teniendo conexión a internet. Por tanto, no supuso ningún cambio en este aspecto cuando se implementó de forma obligatoria para las empresas este modelo, podíamos seguir trabajando con total normalidad, la crisis del COVID nos pilló con los deberes hechos en todo lo que respecta a la parte digital.

10. La estructura inicial a nivel de equipo profesional que necesitaste crear en esta etapa de lanzamiento estaba organizada en tres departamentos, que era lo que necesitabas a corto plazo:

    1. Diseño gráfico.
    2. Departamento técnico.
    3. Comunicación y marketing. Profesionales especializados en publicidad y comunicación.

11. La organización del trabajo desde el principio estuvo orientada a conseguir resultados. Tenías claro que querías aportar resultados a tus clientes para generar esa confianza necesaria y

para que te recomendasen y atraer así a nuevos clientes por el boca a boca. Esto supone implementar un entorno de trabajo y organización muy bien planificada en cuanto a fechas y funciones de cada uno en cada proyecto. El cliente que acudiera a Marketing Live se encontraría una empresa que resolvería sus diferentes problemas y cumpliría con sus necesidades de diferente índole en la parte de transformación digital, marketing y ventas. Mi empresa le aportaría resultados de alta calidad en un plazo fijado, así como una cuidada atención al cliente.

En este proceso destaco que no todo el mundo sabe trabajar así, ni todo el mundo sabe trabajar sin que lo estén supervisando continuamente. Te gusta trabajar con profesionales a los que les guste hacerlo de esta forma, hay que ser consciente de nuestras horas de trabajo y nuestro tiempo. Te gusta porque esto supone trabajar con un alto nivel de eficacia a la hora de prestar nuestros servicios que ya era un valor diferencial que sabían apreciar nuestros clientes. Esther, sabes que el conocimiento, la experiencia y la especialización es algo que valoras mucho en los profesionales con los que trabajas. En este tiempo, también te ha resultado duro detectar qué tipo de personas no quieres en tu empresa y dejarlos ir, por muy buenos profesionales que sean. Para trabajar en este tipo de modelo colaborativo hay que ser un buen profesional y buena persona en todos los aspectos, amoldarse a los valores de la empresa donde la honestidad, transparencia, comunicación son pilares imprescindibles. Has tenido decepciones y lo has pasado mal porque uno de los aprendizajes más importantes que has tenido es aprender a delegar en tu equipo, y no todo el mundo ha estado a la altura ni ha sido honesto.

También, te has encontrado con perfiles profesionales con muchos titulitos y experiencia, pero con poca actitud y sin ética profesional. Han durado poco en Marketing Live. Sin embargo, los profesionales que mejor se han adaptado a la hora de trabajar por objetivos y plazos son los que han tenido una actitud proactiva y abierta al aprendizaje en un entorno muy cambiante. Personas muy resolutivas y capaces de afrontar nuevos retos en los que has podido delegar. Personas y profesionales muy honestos, un valor muy importante en Marketing Live.

12. Flexibilidad para adaptarnos a las diferentes necesidades y tamaños de empresa. Entre nuestros clientes hemos tenido desde profesionales independientes, autónomos, emprendedores, pymes familiares, grandes empresas y organismos hasta entidades públicas.

13. Definir muy bien la misión, visión y valores te ha ayudado a no perder el foco cuando te has sentido perdida o desmotivada. De forma práctica te resumo lo que esto supone para mí:

Misión. ¿Por qué existe tu negocio? Porque hay pymes y autónomos que necesitan de un acompañamiento personalizado, se quieren sentir escuchados y no ser un número más. Y porque en este acompañamiento van a pasar por varias fases y en todas ellas pueden elegir con la máxima flexibilidad el tipo de solución que quieren que les aportemos o hasta dónde quiere que los acompañemos. Al final queremos aportarles valor para integrar una estrategia de marketing digital y ventas que les ayudará a vender más y mejor, tanto en el canal *online* como en el *offline*.

Visión. ¿Qué esperas conseguir? Pensar en local y actuar en global. Estar posicionados como consultoría de marketing digital y ventas en Málaga. Eso sí, desde Málaga para el mundo. Nos encanta trabajar con personas diferentes y proyectos tanto nacionales como internacionales. Compartir sueños y hacerlos realidad.

Valores. Esos principios que definen los rasgos y la personalidad de tu empresa.

En Marketing Live, nos mueve el amor por nuestro trabajo y realmente sentimos eso que es la pasión y la trasladamos en nuestra forma de trabajar. Nos movemos desde el corazón y la empatía, con la transparencia y la honestidad. Nos entregamos a los demás, tenemos una clara orientación de servicio y de ayudar a esos empresarios o autónomos que nos piden una solución a sus necesidades que les ayude a tener mejor resultados de ventas integrando las estrategias de marketing digital en sus negocios.

14. Negocios y familia mejor por separado. Yo nunca quise tener socios que fueran familia o amigos cercanos en mi empresa, pienso que no es buena decisión porque es un foco de tensión que no siempre puede terminar bien. Una cosa es encontrar

apoyo económico y emocional en tu familia, amigos, en tu pareja, y otra cosa es que crees una empresa cuyos socios son familia o amigos que trabajen en ella. Puede funcionar bien si hay una buena relación y un cimiento importante en cuanto a confianza, y si todos conocen muy bien sus fortalezas y debilidades.

Aun así, en estos casos, es bueno pactar siempre cuando todo va bien la salida y entrada de socios, aunque sean familia. En mi caso mi marido es socio de mi empresa por la parte de capital, pero no trabaja en ella. Mi experiencia es positiva en cuanto a que encuentro a una persona con la que tomar decisiones conjuntas porque estamos alineados los dos con los mismos valores y estas decisiones nos afectan de igual forma a la familia. De esta forma podemos avanzar, pero por otro lado es un foco de tensión importante. No siempre conseguimos desconectar, hemos tenido discusiones y a pesar de que mantenemos muy buena relación, resulta muy complicado a veces porque tenemos visiones diferentes. Implicar a un familiar, amigo o pareja en tu negocio puede debilitar vuestra relación, piénsatelo muy bien. Es mejor emprender solo si no lo tienes claro o buscar socios externos si necesitas capital, o un socio que pueda aportarte experiencia en el campo que quieras emprender.

15. No somos perfectos, pero sí tenemos la actitud de querer mejorar y aprender de nuestros errores y puedes estar orgullosa de aportar a través del emprendimiento algo útil a la sociedad, crear empleo y pensar que un mundo mejor es posible. Por este motivo has dado siempre prioridad, desde el principio, a poner

tu granito de arena patrocinando algunos eventos solidarios con la Fundación Vicente Ferrer, a la que te siento muy ligada. De igual forma apoyas el medio ambiente a través del consumo de productos locales con acciones sostenibles como Amadrinar una colmena. Cada año recibimos con mucha ilusión nuestros tesoros de la colmena, pequeñas acciones con las que colaboras en función de tus posibilidades de las que te sientes muy orgullosa.

CARTA 10
Primeros clientes

La venta es una transferencia de sentimientos.
Zig Ziglar

Querido emprendedor:

Los comienzos son duros. A algunos esta parte comercial que hay que hacer inicialmente en la puesta en marcha del proyecto para conseguir esos primeros clientes tan importantes les resulta más fácil porque tienen esas habilidades transversales (habilidades de comunicación, capacidad de conectar con las personas, etc.). Estas, enfocadas hacia la parte de la venta, hacen que se aborden con más entusiasmo y con más motivación. Yo soy de ese tipo de emprendedores, el que tiene estas fortalezas innatas y, por tanto, de las pocas cosas que tenía claras al principio es que esa parte inicial tan importante no la delegaría en nadie.

Porque no todo el mundo entiende el concepto de «vender» como lo entiendo y he vivido yo.

Para mí vender es una entrega a los demás, es aportar valor y ayudar a alguien que necesita de las soluciones que yo les puedo aportar. Además, confío tanto en mi proyecto, en los servicios que aportamos y en la propuesta de valor que intento transmitir desde Marketing Live, que se nota y te notan cuando estás vendiendo algo en lo que crees, algo de lo que realmente estás convencido. Yo siento que transmito mis sentimientos en un proceso de venta, no estoy haciendo un papel para vender. Para mí vender no es tampoco aprenderse el discurso de tu proyecto de memoria y contárselo a todo el mundo, de la misma forma tampoco veo el concepto de ser un charlatán que se habla solo a sí mismo.

Soy una apasionada de la venta en toda su magnitud, tanto a la hora de saber venderte como profesional como ahora lo hago con mi proyecto y desde otra perspectiva, trabajando para mí. Esta parte de conseguir ir creando una cartera de clientes desde cero no es la que me resultó más complicada en mis comienzos, como ya comento, porque tenía una consolidada experiencia en el área de ventas y marketing.

Sin embargo, reconozco que la parte administrativa y burocrática de todo el engranaje que suponía organizar todas las tareas que implicaban esa parte comercial cuando se cerraban los presupuestos y entraban los primeros clientes me parecía engorrosa, tediosa, me aburría demasiado. Soy consciente de que era igual de importante y necesaria que las otras, pero yo no soy buena en esa parte de gestión administrativa, aunque tenga que hacerla. En cuanto pude, delegué y con el paso del tiempo incorporé un CRM que me permitió optimizar mejor la organización comercial, tanto de proyectos como la parte administrativa, todo desde un mismo sitio. Tener herramientas que optimicen mejor tu tiempo, que te hagan la vida más fácil es algo que si volviera a esos primeros meses donde comenzaba a crear la cartera comercial de clientes lo hubiese implementado desde el principio. Yo trabajaba con Excel, pero llegó un momento en que tenía 7 hojas de cálculo por separado y no sabía gestionarlo bien. El CRM —o programa de gestión— me cambió la vida. No pienses que este tipo de herramientas es solo para grandes empresas, son aptas también para autónomos y pequeñas pymes. Te recomiendo que hagas uso desde un principio de herramientas que te faciliten tener una base de datos de contactos que, con el tiempo, pueden convertirse en clientes, con objetivos e indicadores bien definidos para saber lo que está funcionando y lo que no.

Aprovecho esta carta para recordarte también la importancia que tiene que sepas reconocer cuáles son tus fortalezas y debilidades para ir tomando decisiones que optimicen bien tus recursos, y lo más importante para mí: en qué inviertes tu tiempo.

Tienes que ir focalizándote en lo que eres bueno, y en lo que no, delegarlo. Hablaremos de esta parte sobre cómo delegar un poco más adelante.

Quiero ser realista contigo y decirte que, aunque a mí no me resultara tan complicada esta parte comercial, sí, lo es. Aunque también considero que es de los aprendizajes más enriquecedores que te va a aportar tu proyecto de emprendimiento, porque se aprende mucho del proceso de vender y de la atención al cliente. Dar a los demás supone prepararse internamente en muchos aspectos. Vas a aprender en tu propia piel, entre otras cosas, el concepto de tener tolerancia a la frustración, entender el concepto de sembrar y tener la paciencia necesaria para recoger sus frutos.

Si eres de los que piensas que nunca has vendido y que no sabes hacerlo, me gustaría decirte que todos vendemos. Estamos vendiendo continuamente, pero no somos conscientes de ello. Tenemos que saber vendernos a nivel profesional en muchos momentos de nuestra vida, y ahora con el emprendimiento tienes que saber vender tu proyecto y tu propuesta de valor a potenciales clientes que no te conocen de nada. ¡Todo un reto! ¿Cómo podemos conseguir que alguien confíe en ti y vea en tu negocio la solución que necesita?

No te preocupes, todo esto se trabaja y es un proceso de aprendizaje. Todos tenemos la capacidad de poder mejorar y de aprender lo necesario para que puedas hacer rentable tu proyecto. Esto supone afrontar esta parte comercial con éxito, porque es la parte que te va a permitir traer clientes a tu empresa cuando nadie te conoce. Incluso aunque tu proyecto esté exclusivamente focalizado en la parte digital —a través de una tienda online, por ejemplo—, hay que pasar por una fase de saber «vender».

¿Cuál es el secreto y el factor clave que se tiene que generar para que se inicie una relación comercial? La confianza.

¿Cómo prepararte para generar esa confianza y conseguir crear una cartera de clientes desde cero? Te muestro lo que a mí me funcionó.

1. Preparar muy bien las visitas comerciales. Hay que ir preparado a una entrevista. Investigar sobre la empresa, el sector, saber a quién tienes detrás del teléfono o con quién te vas a reunir.

2. Visitar la web, redes sociales y presencia que tenga la empresa en internet. En esta área, yo apreciaba las carencias que tenía el negocio de mi cliente en el ámbito digital y podría tener previstas soluciones con las que charlar personalmente con el empresario desde la primera reunión.

3. Preparación de presupuesto. Dedicar tiempo a preparar la propuesta comercial.

4. Prever las objeciones del cliente. Las objeciones son oportunidades para aportar valor a un cliente y mantener una escucha activa. A un cliente que se siente escuchado puedes aportarle soluciones reales totalmente adaptadas a lo que necesita si sabes trabajar muy bien esta parte.

5. Estar en continua formación. Invertir en formación de forma constante es imprescindible, y si la parte de ventas no es tu fuerte es conveniente aún más reforzar esta área. Es básico mejorar las habilidades sociales y comunicativas para saber

vender tu proyecto. Si has trabajado en atención al cliente o en departamentos de ventas te servirá mucho toda esa experiencia para tu proyecto de emprendimiento. Si no es tu caso, acude a formación especializada de este tipo, hay cursos y talleres de toda clase y de diferentes precios, incluso gratuitos, para que puedas empezar a estar familiarizado con recursos, herramientas que puedas ir poniendo en marcha de forma paralela a ir contactando con clientes.

6. Leer mucho. Ya he comentado que el hábito de leer es algo que nos debería acompañar desde pequeños, si no lo tienes implementado todavía, nunca es tarde. Intenta leer en esta etapa todo lo que esté relacionado con esas debilidades que tienes, esto te permite tener una mente más abierta, aprender de otros que ya han pasado por ese proceso. Al final del libro encontrarás mis recomendaciones.

7. Apoyarte en tu socio o en alguna persona que pueda abordar esto por ti y delegar esta parte a la hora de captar clientes, pero sin perder de vista que, aun así, tienes que plantearte como objetivo mejorar en esta habilidad. Como emprendedor tienes que tener claro que nadie mejor que tú va a saber vender tu proyecto, y es necesario que te prepares bien para interiorizar y tener clara tu propuesta de valor y el mensaje que quieres trasladar, porque tendrás que abordarlo en múltiples ocasiones (banco, ronda de inversiones, clientes, proveedores, etc.).

8. Plantearse objetivos para trazar una línea de acción. En los primeros seis meses conseguí a mis primeros diez clientes. El rendimiento y esfuerzo de conseguir esos primeros clientes no hay que medirlo solo en un número. Mis objetivos eran más ambiciosos para ese periodo, pero no los alcancé. En un periodo de crisis el proceso del cliente a la hora de tomar decisiones es más lento, y no podía avanzar todo lo rápido que yo quisiera con el cierre de presupuestos.

¿Te parece mucho o poco diez clientes en seis meses? Depende, es relativo. Influyen muchos factores. Depende del tipo de cliente y tipo de presupuestos que estés cerrando, depende del sector en el que te muevas y depende de los factores externos e internos con los que te encuentres en esos momentos.

Para poder cerrar diez clientes en ese periodo hice un gran trabajo previo de análisis que me facilitó el proceso de cómo y dónde enfocarme. En mi caso, al estar emprendiendo a finales de 2013, con los coletazos de la crisis inmobiliaria como ya he comentado, conseguir *leads* que se convirtieran en clientes era realmente difícil por las circunstancias externas, pero no fue como digo lo más complicado para mí en esa etapa.

El trabajo previo que hice y que me funcionó para focalizarme bien y conseguir los primeros clientes:

1. Diferenciar la estrategia de ventas y marketing que haría en la parte digital respecto a la parte *offline*. En este aspecto veo importante complementar una estrategia comercial de visitas directas a potenciales clientes, asistencias a eventos o *networ-*

king empresarial en eventos específicos de tu sector, junto con la estrategia de marketing digital que puedas implementar en canales como redes sociales, publicidad en Google, fidelización de clientes a través del uso del *mailing*, etc.

2. Hice un estudio de mercado de pymes y micropymes para saber detectar qué carencias tenían en ese momento en la parte de marketing y ventas.

3. Focalizarme en nichos y micronichos de mercado. Tenía claro que debía dirigirme a un tipo de cliente muy concreto. No podría dirigirme de forma genérica a todo el mundo.

4. Empezar a localizar a profesionales o empresarios que conocía de mi red de contactos que consideraba potenciales clientes de Marketing Live y concertaba entrevistas con ellos. Hay gerentes de empresas que algunos por edad o por mentalidad empresarial no se movían por las mismas redes sociales donde me encontraba yo, y no me funcionaría intentar conectar con ellos por esta vía. Esto suponía tomar la estrategia de visitarlos personalmente en su negocio.

5. El contacto personal con un potencial cliente es algo que nunca he dejado de hacer desde esa etapa inicial. Lo sigo haciendo con la misma ilusión con la que en esos días afrontaba los primeros clientes. Hay perfiles de clientes a los que tienes que contactar personalmente, no siempre te va a cerrar una ven-

ta por la vía digital. El contacto directo con los clientes por mi forma de entender la venta me aportaba mucho valor. Se nota cuando te venden por vender o cuando te venden desde la pasión y el convencimiento de que les estás ayudando con lo que necesitan. Es algo difícil de transmitir y a mí me gusta hacerlo cara a cara, porque me proporciona mucho crecimiento profesional y aprendo mucho. Esta cercanía me permite poner en marcha mecanismos de escucha activa muy valiosos para detectar las necesidades reales de un potencial cliente, lo que estamos haciendo bien o aquello en lo que podemos estar equivocándonos. Considero que es un error, por nuestros valores de empresa, intentar ofrecer servicios de forma genérica a todo el mundo de la misma forma, con precios estándar expuestos en la web sin pasar por un filtro previo de valoración real de sus necesidades.

Por eso en Marketing Live me ha funcionado muy bien dedicar todo mi esfuerzo a captar a ese cliente que valora dicho nivel de personalización, que está dispuesto a pagar la calidad de mi servicio. Porque entiende que nuestra propuesta de valor es la solución a sus problemas y además quiere sentirse escuchado y atendido con cierta exclusividad. En este proceso, aparte de la comunicación que le pueda aportar el equipo de profesionales de Marketing Live, también será atendido por mí personalmente como responsable de mi empresa. Esto supone por mi parte dedicar más de mis recursos, esfuerzos y tiempo en mantener ese contacto tan directo que hago con el cliente. De esta forma no pierdo la cercanía que marca la diferencia con otras empresas, donde el cliente es un número más y se rigen por precios estándar en los servicios. Nos han llegado clientes de otras empresas de la competencia aludiendo este tipo de cuestiones, que no se sentían escuchados ni atendidos, sino como un número más, y nosotros ahí hemos sabido aporta valor diferencial al cliente.

La propuesta de valor que siempre he proyectado es solucionar sus problemas adaptando la estrategia a lo que el cliente necesita en cada etapa. Nunca he pretendido ofrecerles servicios que no necesiten —eso ha ido llegando solo en el proceso de crecimiento de la estrategia— y así el cliente nunca se sentirá atado ni condicionado a contratar múltiples servicios o cuotas innecesarias.

Hay mucha transparencia y honestidad por mi parte. Es un pilar de nuestra filosofía de trabajo y eso genera confianza, porque realmente muestro cómo soy, cómo somos trabajando y cómo intentamos esforzarnos con cada cliente en adaptarnos a lo que necesita. No se sienten despachados, sino escuchados.

Para mí, cada cliente lleva un ritmo, tiene unas circunstancias y unas necesidades. Eres tú el que tienes que saber lo que necesita realmente, en qué le puedes ayudar, y eso solo se consigue cuando se aprende a vender y a escuchar para poner al cliente en el centro y no al revés: «venderle lo que a ti te interesa». Esto que teóricamente dicen muchas empresas o emprendedores de poner al cliente en el centro queda muy bien en folletos y en la web, pero llevarlo a la práctica es otra cosa.

Eso fue lo que yo puse en práctica para conseguir tener mis primeros clientes. Todos ellos fidelizados —me enorgullezco de ello— que nos han recomendado. Son prescriptores de la marca y han generado una onda expansiva.

Hemos tenido la capacidad de adaptarnos a todo tipo de cliente, desde los profesionales autónomos a grandes organismos y empresas.

En este proceso también hemos tenido clientes cuyas expectativas no hemos podido cumplir pese a todo. Esto es como en las relaciones: hay dos partes y si una falla, aunque la otra lo intente, es inviable. En la fase de conseguir tus primeros clientes vas a entender qué tipo de cliente es el que realmente te interesa captar y tendrás que saber prepararte para dejar ir a los que no. Al igual que a lo largo de tu vida puedes dar con personas tóxicas, también hay clientes tóxicos que al principio no podrás detectar a tiempo por falta de experiencia.

Hemos tenido clientes que no han pagado nuestros servicios o nos han dificultado mucho la comunicación, poniendo todo tipo de obstáculos para poder prosperar con el trabajo solicitado y haciéndonos sentir mal o culpabilizándonos de ellos. Esto supone también tomar decisiones a tiempo con la máxima profesionalidad, transparencia y honestidad, aunque por la otra parte las formas no sean las mismas. Aun en estas circunstancias, los valores y filosofía que sustenta la forma de trabajar en tu empresa tienen que ir siempre por delante. Descubrirás que este tipo de clientes actúan así con todo el mundo, no es algo personal hacia ti. Lo importante es que te enseñan a saber lo que no quieres atraer a tu negocio y cómo detectarlos a tiempo.

6. Ser consciente de mi tiempo en el área comercial de la empresa. Tienes que saber cuánto vas a cobrar en tu proyecto. El tiempo es dinero. Si tuvieras que contratar a alguien que trae clientes a tu empresa, ¿cuánto le pagarías? Si lo haces tú, tienes que saber ponerte un sueldo. Esto es difícil al principio, pero te recomiendo que lo hagas y que establezcas como una prioridad el pagarte a ti mismo, aunque sé que cuesta trabajo. ¿Cuánto tiempo inviertes en cada cliente que cierras? Si tuvieras que pagar a alguien por hacer este trabajo, ¿cuánto vale que te traigan clientes a tu empresa? Es difícil separar y cuantificar esta cifra, aunque seas consciente de la importancia de tener máximo control de tu tiempo y saber cuánto deberías cobrar por ello.

Hay un ciclo o embudo de varias fases detrás de una venta. Puede suponer semanas o meses de trabajo que a veces concluirá satisfactoriamente y otras veces no conseguirá cerrar el presupuesto por múltiples razones (no disponer de un presupuesto para ello, época de crisis con menos liquidez, cambios internos en la empresa, miedo al cambio…).

A veces, por el ritmo que lleva cada cliente, este tipo de decisiones de «compra» se retrasan, y a lo largo de ese primer año también fui cerrando presupuestos que estuve presentando en esa etapa inicial de los primeros meses. Ten paciencia, es época de sembrar. De hecho, pienso que nunca se debe dejar de sembrar. No es cuestión de hacerlo solo al principio.

7. Tolerancia a la frustración. Tuve que aprender a no lidiar con las objeciones de un cliente y dejarlo ir. Cada motivo de pérdida me suponía un gran reto del cual aprendía muchísimo, porque me tomaba mi tiempo en conocer y preguntar al cliente los motivos por los que mi propuesta de valor no les encajaba. Pienso que todos tenemos derecho a tener una respuesta a un presupuesto en el que hemos tenido que invertir un valiosísimo tiempo, es lo mínimo. Nunca te quedes sin saber por qué un cliente no contrata tus servicios. Esto me ayudaba a mejorar, también reconozco que en época de crisis la atención comercial con los clientes no era fácil: muchos de ellos estaban pasándolo realmente mal. Muchos de esos rechazos no eran consecuencia de que mi propuesta de valor no les encajara, sino que el momento no era el adecuado y yo tenía que centrarme en aquellos que sí veían mi propuesta de valor como una ayuda real en esos momentos. Les podía aportar en esta época flexibilidad y facilidades para que pudieran invertir en nuestros servicios y se atrevieran a confiar en Marketing Live.

8. Apoyar la estrategia comercial con una estrategia de *branding* y de generación de contenidos en redes sociales para que la marca fuera sonando y se hiciera más reconocida en mi ámbito local (Málaga). Considero que hay que pensar en local para actuar en global.

9. Trabajar el blog corporativo para generar contenidos de interés pensando en nuestro cliente y que, a la vez, nos permitiera

trabajar el posicionamiento en Google. El SEO me ha aportado altas conversiones de clientes. He tenido que ser muy constante durante años con este tipo de estrategia, pero da resultados.

10. Campañas en Google. Anuncios de pago en Google para destacar servicios, en concreto en determinadas épocas del año que nos interesaba fomentar atendiendo a nuestra estrategia comercial.

11. Campañas de *mailing* conforme creaba una base de datos.

12. Asistir a eventos de *networking*.

13. Firmar convenios de colaboración con colegios profesionales o asociaciones que sean de tu interés.

14. Ya sabes que hay que fijarse objetivos a nivel comercial para que cada semana puedas ir trazando un plan de acción que te acerque a esa meta.

Quería destacar el apoyo emocional y económico que puedas necesitar en esta etapa inicial. Ambos serán factores que te lleven a superar esta etapa cuando empiecen a surgir los problemas y los presupuestos que hayas presentado no se cierren de la forma prevista ni en el plazo deseado. Esto supone que puedas pasar meses sin ingresos, meses de rodaje hasta que empiecen a entrar tus primeros clientes y, aun así, que entren tus primeros clientes no significa que puedas ya vivir de tu empresa. Hasta que puedas hacer rentable el proyecto, tienes que tener previsto que es habitual que puedan pasar unos dos años.

En mi caso, el apoyo económico venía de ahorros familiares y activos propios, aparte de solicitar un préstamo ICO.

Siempre opino que lo ideal es tener ahorros o recursos propios. No te recomiendo que pases a la fase de lanzamiento de tu proyecto si esta parte no la tienes controlada o prevista. Es decir, que no pases a la acción con tu proyecto o dejes tu trabajo para emprender si no hay un colchón económico detrás previsto para ello, que te permita cubrir esta etapa inicial hasta que la empresa empiece a ser rentable y a conseguir una cartera de clientes estables.

Si emprendes en época de bonanza es más fácil, porque la coyuntura externa hace que todo vaya muy fluido. Cuando emprendes en época de crisis, la situación externa al proyecto afecta negativamente. Aquí tienes por delante una gran prueba en la que vas a experimentar en tu piel si has sabido elegir bien a tu cliente ideal, si tu idea de negocio realmente detectaba esas oportunidades, si el sector es el adecuado y si hay realmente oportunidad de crecimiento. También experimentarás si sientes pasión por tu proyecto y no eres un emprendedor ocasional movido por las circunstancias del momento.

Creo que todo tiene su aprendizaje, y tomar decisiones y equivocarse forma parte de ello. Yo soy de pasar a la acción, no a lo loco, pero sí de atreverme sin pararme mucho más de lo necesario. De lo contrario el miedo me paralizaría, y creo que si no lo hubiese hecho así, y mirando mis circunstancias, nunca me hubiese atrevido a ello. Sentía a nivel interno que era mi momento, aunque a nivel externo la situación no acompañase.

Es algo que sabrás cuando llegue el momento, y también creo que es inteligente tener la paciencia de saber esperar a que la tormenta pase si ves que interna o externamente no lo tienes del todo claro. Esto no funciona para todo el mundo igual, hay gente que sabe ver oportunidades en donde otros no las ven y se ponen en marcha pese a todo. Con esto no quiero decir que si ahora no estás en ese punto no sea inteligente saber esperar: sin prisa, pero sin pausa.

Yo he sido de las que ha aprendido a navegar en una tormenta y aún sigo en ello, no siento que esté en tierra firme, simplemente sigo avanzando.

Quiero contarte cómo me encontraba y lo que sentía cuando comencé a cumplir objetivos y a conseguir poner en marcha el negocio. Llegaron esos primeros clientes, los proyectos iban saliendo, poco a poco, y de pronto me apareció una especie de resfriado —que así lo llamo— que se llama el «síndrome del impostor».

Esto puede surgir como ese resfriado en épocas que viene y que va, ahora sé que puede ser normal, pero me costó dominarlo. Yo sentía una sensación extraña de que no estaba valorándome esos logros conseguidos por mérito propio.

Me venían pensamientos que no podía controlar y me preguntaba si estaba a la altura de las circunstancias. A veces pensaba: «¿Quién soy yo para montar una empresa a mi edad?, ¿a dónde voy? No tengo tres másteres del universo del emprendimiento porque nadie me enseñó a emprender y no puede salirme bien». ¿Has tenido este tipo de pensamientos? ¿Te sientes identificado/a con ellos?

Es como que no te reconoces a ti mismo que eres merecedor de que te vaya bien, y en tu fuero interno no te tratas ni te hablas como te mereces.

Es importante reconocerlo. Incluso al escribir este libro me preguntaba quién soy yo para escribir nada basado en mi experiencia, que es solo la mía, ni mejor ni peor que la de nadie, simplemente la mía. ¿Esto le interesa a alguien? Cada libro tiene su público, sí. Puede que te interese a ti, que has llegado al mío porque estás en ese momento vital de emprender, y puede que de todo lo que leas aquí haya algo que te aporte una idea, que te sirva para encontrar algún motivo para animarte a luchar por algo por lo que sientes pasión y que encuentres en mi historia pruebas que demuestren que sí se puede.

Si te viene este resfriado en algún momento, como mejor tratamiento te puedo decir que lo que me ayudó y me ayuda mucho es, primero, detectarlo y segundo, pararme a valorar con más frecuencia todo lo que he conseguido hasta ahora. Hago balance cada cierto tiempo porque eso me da una base, me ayuda a no ser tan exigente conmigo misma y a hablarme como me merezco.

«Tienes que creer en ti mismo». *El arte de la Guerra*, Sun Tzu

CAPÍTULO 4

DELEGAR, CONCILIAR Y VIVIR

CARTA 11
Recursos y hábitos que me funcionaron

Somos lo que hacemos día a día.
De modo que la excelencia no es un acto, sino un hábito.
Los 7 hábitos de la gente altamente efectiva, Steven Covey

Querido hijo:

La organización y planificación en tu día a día serán cruciales para poder avanzar y tener éxito en aquellos aspectos que consideres prioritarios para ti.

Tanto en la etapa inicial del proyecto de emprendimiento como en sus diferentes fases de ejecución, será definir las tareas que te ayudarán a cumplir tus objetivos. Necesitarás crear nuevos hábitos y formas de organizarte que hasta ahora no te habías planteado, pues el emprendimiento es un estilo de vida. No pretendo entrar en comparativas, ni que es un estilo mejor ni peor, es diferente, simplemente.

En este proceso de aprendizaje para implementar nuevos hábitos, puede que te ocurra como me pasó a mí, que hay etapas, periodos de procrastinación.

Esta palabra viene del latín *procrastinare*: *pro*, adelante, y *crastinus*, mañana. Se refiere a la postergación, al hábito de retrasar actividades o situaciones que deben atenderse, sustituyéndolas por otras más irrelevantes y agradables para ti.

Por resumírtelo con esa frase típica que tu madre dice tanto: «No dejes para mañana lo que puedas hacer hoy».

Te pongo un ejemplo real de cómo he procrastinado en algunas etapas más que en otras, por qué me ha pasado y cómo he mejorado en mi proceso de aprendizaje. Yo considero una rutina imprescindible en un emprendedor que mire los números de su empresa de forma semanal, aunque lo que vea le duela y no le guste. Hay semanas y meses muy complicados y los números serán el reflejo de una realidad que no se puede obviar.

En mi caso, toda esa parte económica y administrativa me resulta engorrosa, porque me cuesta entenderla y no tenía formación en esa área —por lo menos considero que un mínimo de educación financiera hay que tener—. Siempre he sido ahorradora, me he gestionado bien a nivel personal, pero en la parte de la empresa eran muchas las cuestiones que no entendía. Mis días y semanas eran tan intensos que me apoyé en otras personas, tanto en la asesoría como en Luis, mi marido, para poder abordar esta tarea mejor. Delegar este aspecto en personas especializadas o que te puedan aportar valor con este tema es importante, pero eso no quita que sea un error no estar tú mismo inmerso en el proceso. Ellos me ayudaron en lo que yo aplazaba no porque no fuera importante, sino que por mi desconocimiento me producían inseguridad y no tenía control sobre esas emociones. Avanzaba muy bien con otras áreas en la gestión de la empresa, pero esa me ha costado y me sigue costando, aunque ya he mejorado mucho con los años y compruebo los números de la empresa de forma semanal. Tenía muchas otras actividades más interesantes y motivacionales para mí el día que tenía fijado en mi calendario ver el tema económico, y este es un claro ejemplo de procrastinación.

El primer paso para mejorar supone reconocerlo e implementar nuevos recursos y hábitos que te ayuden a solucionarlo.

En mi proceso de aprendizaje, también me ha ayudado analizar por qué me pasaba esto. En concreto, en determinadas etapas, me hacía sentir muy mal porque retrasar esta tarea suponía más acumulación de trabajo para mí: al final tenía que hacerlo y era relevante para poder avanzar. Por eso considero que saber qué tareas son prioritarias y cuáles tienes que abordar bien en plazo y forma no es tarea fácil.

Procrastinar y ser consciente de ello además me hacía sentir fatal. Me considero una persona muy organizada con la gestión de mi tiempo y de mis prioridades, y había semanas que sentía tal ansiedad porque se me acumulaban tareas que sabía que eran relevantes, pero no conseguía ver el momento de hacerlas y parecía que no sabía organizarme bien.

Empecé a analizarme y comprobé que me ocurría más en periodos emocionalmente más inestables. Tras informarme y leer sobre el tema comencé a entender mejor el proceso. La procrastinación no es un problema de gestión del tiempo, de no saber organizarme: está relacionado con saber controlar bien tus emociones para poder afrontar bien esas tareas.

Por este motivo, dado que ante determinados periodos más inestables es más frecuente procrastinar, tampoco hay que culpabilizarse constantemente por ello, sabiendo que es algo puntual.

En el año 2020, durante los meses de marzo a mayo en los que estuvimos encerrados en casa, tuve que gestionar en mi caso el teletrabajo con vuestras jornadas escolares vía *online* de 3.º y 6.º de primaria. Con toda la puesta en marcha de las clases *online* desde casa, las interrupciones constantes y el desborde de tareas fue brutal, así como el estrés y la ansiedad. En este periodo me resultaba frecuente procrastinar y no sentirme mal por ello. Las prioridades del día y la semana ante esta coyuntura no podían ser las mismas que antes, pues el nivel de agotamiento también era diferente.

Antepuse muchas tareas que me resultaban amenas y agradables y no me sentí mal por ello, porque en aquellos momentos era una prioridad para mantener el equilibrio mental y sobrellevar mejor la situación. Organizar los días en casa y compaginar vuestra jornada escolar con la mía profesional recaía en gran parte en mí, dado que el puesto de mi marido era actividad esencial —él es veterinario y trabaja en el sector alimentario— y las jornadas las pasaba fuera de casa, en su horario habitual. La situación emocional y privación de libertad por la pandemia era tan difícil de sobrellevar que la procrastinación en esos meses fue continua, más por el estado psicológico que por la gestión de mi tiempo y de mi agenda, que estaba muy bien resuelta.

Si esta situación la detectas como algo temporal en una etapa de tu vida y en relación con el emprendimiento, en la que estás aprendiendo a gestionar tu tiempo y emociones y de forma paralela atendiendo nuevos retos con nuevas prioridades unido a mucha inseguridad, reconocerlo te ayudará a mejorar. Leer y formarse inicialmente en esta área creo que aporta valor como crecimiento personal y te será útil siempre. De esta forma hay que plantearse una línea de acción y ver qué te funciona y qué no. Cada persona es un mundo.

Si ves que no es suficiente para que aprendas a procrastinar de forma eficiente, creo que la base de todo está en aprender a controlar las emociones. Pide ayuda siempre, que no te de vergüenza, porque no hay mejor inversión que la que puedas hacer en ti. No nos enseñan a gestionar las emociones desde pequeños. Yo como madre intento inculcarte, por lo menos, la importancia de que reconozcas tus emociones y las aceptes sin juzgarlas, porque no soy experta en el tema. Puede que eso no sea suficiente para ti en estos momentos y no pasa nada, como madre te diría que he intentado trasladarte este aspecto lo mejor que he podido, porque he experimentado cómo el estado emocional afecta a la productividad.

Es importante reconocer qué te está pasando: no es lo mismo una situación puntual que el que te pase de forma crónica.

Si lo necesitas, como digo, pide ayuda y pon de tu parte para salir de ese círculo vicioso.

A mí me funcionó leer sobre lo que me estaba pasando y hacer algunas formaciones específicas sobre productividad y gestión del tiempo.

Para hacer frente a la procrastinación, estos son los hábitos que me funcionaron a mí:

1. Aprender a gestionar el uso del móvil para evitar distracciones. Puse tiempo o alerta en algunas redes sociales como Instagram, ya que por mi sector y actividad las redes sociales son herramientas de trabajo y tengo que tener un control sobre ellas para que no afecten a mi productividad.

También silencio el móvil para encargarme de algunas tareas importantes y poder acabarlas sin interrupciones en el tiempo marcado.

2. Acotar en bloques de tiempo y en el día señalado el espacio dedicado a esas tareas importantes y relevantes como la preparación de presupuestos, las reuniones con clientes, la gestión de llamadas, la preparación de proyectos, la gestión de formación, entre otras.

3. Aprender a conocerte bien y saber a qué hora del día tu energía está mejor y tienes más control emocional. Personalmente, cuando me siento muy cansada, mi energía está bajo mínimos y no puedo pretender hacer tareas que me requieran mucha con-

centración, o incluso actividades relacionadas con la toma de decisiones. La coyuntura a veces me lleva a estar viendo cuestiones relevantes a las 10:00 o las 11:00 de la noche, y me ha supuesto irme a la cama con mucha tensión y bloqueo. Me genera malestar e incluso desvelo porque no soy productiva tan tarde, madrugo mucho y el cansancio me supera para ponerme a tomar decisiones o ver números a esas horas. Yo soy productiva por la mañana temprano, y a veces nuestras jornadas como emprendedores —y si tienes familia más aún— son complicadas. Esto supone tener que decidir muy bien qué tareas abordar, qué priorizamos y en qué horarios. A veces los imprevistos hacen que tengas que aplazar y atender lo urgente antes que lo prioritario.

4. Soy de tener una agenda y planificador semanal donde me gusta escribir y anotar de mi puño y letra. Además, llevo una libreta para anotar mis cosas e ideas, me ayuda luego a organizarme mejor.

5. Fijarse objetivos a corto, medio y largo plazo, y llevarlos a su ejecución trasladándolos a objetivos semanales y diarios.

6. Integrar en el día a día esas famosas «tareas roca», que son las que te hacen avanzar en las cuestiones importantes del negocio e intentar cada día tener anotada una o dos tareas de ese tipo. Otras no menos importantes y necesarias también deben tener su espacio, así como tener previstas en tu agenda activi-

dades profesionales y personales. Por ejemplo, para mí es importante tener establecido como tareas roca mirar los números de la empresa de forma semanal, contactar con determinados organismos, pymes y empresarios por sectores para presentarles determinados servicios de nuestra empresa e intentar cerrar una reunión que posteriormente puede traducirse en una presentación de presupuesto.

7. Ojo con los ladrones de tiempo (WhatsApp, redes sociales, interrupciones variadas). Las nuevas tecnologías y las diferentes herramientas que tenemos hoy día suponen distracciones que pueden afectar a tu productividad si no sabes gestionarlas adecuadamente y haces un uso responsable de ellas.

El móvil y las diversas notificaciones que tenemos producen interrupciones constantes, y esto nos hace perder el foco sobre las tareas que tenemos que hacer al realizar varias al mismo tiempo, dejando algunas sin terminar ¿Te ha pasado? Seguro que sí, porque hoy en día es muy habitual el *multitasking* o multitarea.

Es recomendable, para una buena gestión de tu tiempo, evitar estas distracciones. Lo que yo hago es desactivar las notificaciones del móvil —redes sociales, *mailing*, *pop up* emergentes del PC, etc.— cuando me reservo un bloque de tiempo para tareas que son prioritarias para mí y necesito concentración.

Hacer bloques de tareas donde diariamente puede haber dos o tres horas en las que no estoy pendiente de esas notificaciones me hace avanzar mucho con foco en lo que estoy haciendo. No se puede estar pendiente del teléfono cada cinco minutos si necesitas concentración y enfoque. Ni te imaginas lo que se puede avanzar en varias horas de concentración máxima.

Si en ese tiempo hay llamadas o notificaciones, las atenderás una vez pasado ese bloque de tareas que son prioritarias en tu día a día o que requieren de concentración y que necesitas hacerlas para poder avanzar.

8. Aprender a delegar ha sido una de las cosas más importantes en mi gestión y planificación, tanto en la parte profesional como en la organización de tareas en casa.

9. Ante todo, recuerda que los imprevistos existen. Hay que aceptarlo, aunque cueste.

10. Herramientas *online* que he usado en mi gestión del tiempo:
• Trello
• Hojas Excel
• Herramientas de Google (Google drive, Google calendar)

11. La incorporación de un CRM supuso un antes y un después. He optimizado mejor toda la gestión de proyectos, ventas y números. El tener integrado en un mismo sitio todo esto me ha supuesto optimizar mi tiempo y recursos. Tardé seis años en implementarlo y lo tenía que haber hecho antes, esto no es cuestión de grandes empresas. Ahora no sé cómo he podido trabajar sin él.

12. Reservarme un tiempo para mí misma y considerarlo una prioridad. La lectura, el deporte, aunque sea caminar entre treinta minutos y una hora, correr, hacer yoga, o hacer algo que a ti te haga sentir bien has de incluirlo en la agenda. Sé flexible con el horario en este aspecto, no siempre eres dueño o dueña de tu tiempo y no lo puedes hacer en días y horas fijas.

13. Empezar el día haciendo tu cama es un excelente y buen hábito, no procrastines en ello. ¡Aquí no! El que comiences el día pasando a la acción con este sencillo hábito de dejar tu cama hecha y el cuarto ordenado te hace sentir que has comenzado el día con una tarea sencilla, pero que es un pequeño logro. Esta rutina te invita a pasar a la acción junto con otras que vendrán encadenadas y eso produce sensación de bienestar. Las rutinas y hábitos ayudan a ser más productivo. Ver el cuarto ordenado desde primera hora de la mañana produce bienestar porque el orden genera felicidad. Este pequeño hábito te ayuda a que el día se inicie mejor. Llegar a casa tras un día agotador y encontrarte tu cama hecha, o si trabajas desde casa, es muy placentero y no tiene precio.

Espero que entiendas ahora, querido hijo, por qué siempre le he dado mucha importancia a que dejaras tu cama hecha antes de ir al colegio. Ya sé que no siempre lo conseguías y fue un proceso hasta que se convirtió en algo habitual. También sé que recuerdas que si tú no la hacías, la cama se quedaba sin hacer, nadie la iba a hacer por ti. Tenía claro que contar con ayuda en casa no significaba que permitiera que Inma —una persona imprescindible para mi familia y para que yo pudiera desarrollar mi emprendimiento— asumiera tus responsabilidades de colaborar con las tareas de la casa; ordenar tu cuarto y hacer tu cama eran parte de ello. ¿Te acuerdas de los días que tocaba cambiar las sábanas? Era el único que Inma hacía la cama por ti. Ella lo hacía por gusto y yo lo permitía, porque sé que lo hacía con mucho amor y de vez en cuando os dejaba una nota a ti y a tu hermano. Ese día era un premio a vuestro esfuerzo y también porque he querido que aprendáis desde pequeños a valorar el detalle de las pequeñas cosas, las más simples que hacen que tu día pueda ser un poquito mejor.

Hay hábitos y rutinas sencillas que producen bienestar y ayudan a que tu día sea mejor o que lo termines mejor. Sé que a tu hermano y a ti siempre os quedarán en el recuerdo estos detalles y que lo entenderéis en algún momento. Al final de un duro día, encontrarte con una cama bien hecha o con el olor de unas sábanas con olor a limpio son pequeños detalles que, si tienes la capacidad de apreciarlos, sentirás que marcan la diferencia. Te aseguro también que en un día difícil tener este tipo de rutinas a las que acogerse hace que tu mente se mantenga más centrada en el momento.

14. El orden en tu espacio de trabajo te ayuda a mantener el orden en tu mente. Si hasta ahora no has sido excesivamente ordenado —y no me refiero a ser un obsesivo compulsivo del orden, porque nunca me han gustado los extremos—, sí opino que es un hábito que se puede mejorar y el tener un espacio de

trabajo, ya sea en casa o una oficina ordenada ayuda mucho a ser más productivo.

15. Distinguir tareas importantes y urgentes. Esto tardé bastante en comprenderlo. En cuanto fui madre, al igual que muchas mujeres profesionales que tienen que compaginar jornadas de trabajo y familia, creo que mejoré mucho en la planificación diaria a la hora de tener que organizar mi agenda en función de tareas importantes y tareas urgentes, así como entender que había un espacio para imprevistos.

Estoy segura de que cada uno, acorde a su experiencia, encontrará recursos, herramientas y formas propias de planificarse que se adapten a cada etapa para ser más productivos. Sin duda, un emprendedor necesita hábitos y rutinas para llevar a cabo sus objetivos.

CARTA 12
Conciliación

Querido hijo:

Ya sabes que el tema de la conciliación ha sido algo pendiente en nuestra sociedad durante mucho tiempo. Espero que cuando leas este libro la situación haya mejorado. Cuando hablo del concepto de conciliación no me refiero solo a la conciliación familiar de emprendedoras, también a emprendedores y a aquellos profesionales que quieren conciliar su vida personal con la profesional. Quiero contarte la experiencia de aquella etapa inicial y de cómo lo vivimos en nuestra familia en el momento de crear Marketing Live, cuando vosotros, Luis Javier y Carlos, teníais 5 años y 18 meses.

La conciliación no existió para mí como madre emprendedora. No hay equilibrio en esta etapa: hay días agotadores y supervivencia diaria. Logré sacar el proyecto gracias a mi disciplinada rutina de hábitos que me permitieron ir avanzando y que me mantuvieron emocionalmente fuerte. Los días son realmente duros y el cansancio puede llegar a ser tan extenuante que acabes viviendo épocas de agotamiento extremo como me pasó a mí.

Por otro lado, quiero resaltar que tenéis un gran padre que se ha esforzado por estar presente en vuestro día a día, aunque no siempre lo ha conseguido por motivos ajenos a su voluntad. Ese gran compañero de viaje y buena persona que se ha esforzado en apoyarme a diario en todo lo que ha estado en su mano. No tengo ningún reproche ahora, desde la distancia, pero sí hemos tenido muchas discusiones y tensión en aquellos momentos por mi nivel de agotamiento y estrés diario por lo extremadamente difíciles, largos y agotadores que me resultaban los días. Los horarios tan variables que tenía por su profesión, épocas de viajes y de jornadas complicadas en su trabajo que tenía que afrontar, le suponían estar ausente en el día a día, y las prioridades y actividades de la familia y la casa las tenía que asumir yo, además de la responsabilidad de poner en marcha mi proyecto de emprendimiento. No podía exigirle a él más de lo que estaba haciendo en esos momentos porque la conciliación no era solo cosa suya, la conciliación es de todos y no había medidas efectivas —ni las hay en este año 2021 que escribo estas líneas—. Se ha avanzado algo, pero queda mucho por hacer.

No es esta carta que te escribo un alegato de medidas reivindicativas para criticar el sistema, sino una forma de compartir la realidad y experiencia de nuestra familia, así como compartir algunos consejos de lo que hicimos nosotros a nivel familiar, por si te puedes encontrar en la misma situación y te resulta útil algo de lo que comparto o de mi visión respecto a este tema.

Si miro atrás, tendría que decir que fue mi disciplina unida a la pasión que sentía por mi proyecto lo que me dio la fuerza para no abandonar.

Las exigencias de afrontar jornadas de reuniones con clientes, el trabajo y gestión diaria de la empresa, situaciones de niños enfermos con virus habituales en época escolar, coordinar dos horarios —uno de colegio y otro de guardería— con sus sucesivas tareas, más las de la casa... Lo recuerdo y todavía siento en mi piel cómo me encontraba. Tenía un cuadro de agotamiento tan extremo que me llevó al médico en forma de malestar generalizado, así como despistes preocupantes por tener falta de atención al llevar tantas cosas a la vez. Por ejemplo, he llegado a llamar a mi marido pensando que en el día señalado en mi calendario le tocaba recoger a los niños del colegio y estaba fuera de Málaga trabajando, y además no llegaba a recordar en qué momento me lo había comunicado.

El médico me recomendó descanso y me dijo que esos despistes por falta de atención eran normales en madres trabajadoras con niños pequeños. Me recomendaba descanso, que intentara fijarme en las tareas una a una, dormir… No sabía si ponerme a reír o llorar, porque cogerme días de descanso para dormir no dependía en esa época de mí. Con niños pequeños el descanso no es lo mismo, era todo un lujo y una utopía en mis circunstancias y me encontraba tan exhausta que no tenía fuerzas ni ganas de explicarle mi situación al médico.

Tenía que aceptar mis límites, pese a que me daba impotencia, me enfadaba, lloraba mucho, no se puede estar al 100 % en todo siempre, eres un humano, no una máquina en modo piloto automático.

Fue una época muy complicada en la que teníamos que tomar decisiones para poder abordar mi proyecto, y llegó un momento en el que tuvimos que plantearnos a nivel familiar qué solución podríamos encontrar para que yo me encontrara mejor.

Por un lado, en esta etapa tuvieron que ayudarme tus abuelos. Ellos habían sido profesores, tenido 4 hijos y ahora estaban disfrutando de su merecida jubilación.

Mis padres son un referente para mí, nunca encontraré suficientes palabras de agradecimiento por darme la educación y valores que me han dado. Mi madre, profesora por vocación, sacó sus oposiciones con tres niños pequeños y estudiando por las noches, un ejemplo de superación y de que se puede conseguir todo lo que te propongas. Ella siente pasión por los niños y especialmente por sus nietos, esto hace que tenga una mano especial y todo se hacía más fácil cuando se quedaba con mis hijos tan pequeños.

Mi padre, profesor de Lengua y Literatura, siempre me ha apoyado en todo. Incluso cuando me equivoco o cuando tuve la iniciativa de irme al extranjero yo sola a trabajar de *au pair* en Irlanda cuando tenía apenas 20 años, porque quería mejorar mi nivel de inglés. En la época en la que yo me fui no era tan habitual viajar al extranjero. Recuerdo estar en el avión y no me encontré con ningún español, ni tampoco me los encontré durante mi estancia allí. Fue una magnífica experiencia que me sirvió para dominar mejor el idioma y que me permitió en mi época universitaria dar clases de inglés por mi cuenta a niños. Puse los típicos carteles en farolas, comercios en mi pueblo ofreciéndome para dar clases y tuve a un grupo de niños durante varios años. Sin su apoyo nunca me hubiese ido.

A él le encanta estudiar. Siempre lo recuerdo entre libros, aprendiendo, mejorando su inglés y con su bicicleta. Fue un referente para mí ya que me inculcó el amor por los libros, por la lectura y por estar siempre avanzando y nunca dejar de aprender. En su época de profesor, siguió estudiando y se sacó la carrera de Filología Hispánica y el doctorado.

Al igual que mi madre, mi padre me ha ayudado en lo que ha podido y no ha dudado en trasladarse a mi casa para quedarse con alguno de mis hijos o para recogerlos del colegio porque yo no podía llegar a tiempo. Ellos no viven en la misma localidad, y esto les supone un doble esfuerzo.

Pero esto tampoco es conciliar para mí. Los abuelos ya no tienen que tener esta responsabilidad, a su edad ya nos han criado a mis hermanos y a mí y soy consciente de que la crianza de mis hijos, con todas sus consecuencias, era responsabilidad de tu padre y mía.

Quiero agradecer también en estas líneas, por lo complicado que puede llegar a ser el intentar conciliar, a mi hermano Javi, que es el único de mis hermanos que vive cerca y con el que más nos hemos podido apoyar mutuamente. Hemos llegado a ser vecinos y en días difíciles, cuando no he tenido ningún plan B posible, él ha sido el que me ha podido ayudar siempre que su trabajo y su organización familiar se lo ha permitido, como padre ejemplar de mis dos maravillosas sobrinas que es.

Ellos han tenido que cuidar de mis hijos cuando se han puesto malos —porque la realidad es que con esas edades es frecuente que enfermen—. Había meses que teníamos en casa todos los virus que terminan en -itis (gastroenteritis, otitis, faringitis, bronquiolitis, conjuntivitis, laringitis, etc.) y me era imposible anular o cambiar mi agenda con clientes cada semana. Por el trabajo de tu padre también era inviable contar con él para que se quedara en casa varios días cuidando de vosotros.

Por otro lado, sí he tenido claras las cosas urgentes y prioritarias. He anulado mi agenda y he tenido que dar explicaciones a clientes de no poder atenderles o modificar las reuniones programadas por llevar a mis hijos al médico, y lo he hecho con todas sus consecuencias.

Eso tampoco es conciliar para mí. Este tipo de cosas urgentes, como madre, es inevitable asumirlas, pero cuando estás montando un negocio y cierras visitas importantes para ti con un cliente que te ha costado mucho esfuerzo, la mente te juega malas pasadas. Fue algo difícil de llevar que tu padre no pudiera salir de su reunión, pero yo sí me veía anulando la mía o mi agenda para poder llevaros a la cita médica y siempre recaían en mí estos temas. Es difícil el papel de la conciliación en el emprendimiento. Al ser emprendedora y madre sientes culpabilidad de no ser tú quien aborde estos imprevistos por un lado, y por otro parece que el no tener un jefe directo al que dar explicaciones significa para los demás que puedes tener esa flexibilidad para poder llevar a cabo todo esto. No tengo un jefe directo, tengo tantos jefes como clientes ante los que sí he tenido que justificarme o dar una explicación para poder atender en muchas ocasiones este tipo de situaciones a la hora de conciliar mi parte profesional con la personal. No me gusta generalizar ni comparar, pero no nos confundamos a la hora de pensar que porque tienes una empresa tuya o estás emprendiendo tienes total libertad para disponer de tu tiempo sin dar explicaciones a nadie. No ha sido mi caso ni lo veo así.

Llegó un momento en el que el día a día con la empresa y con la gestión de la casa y de los niños se me hacía inviable y no podía contar con la ayuda de mis padres como una solución diaria para poder conciliar. Primero, porque están delicados de salud y tienen derecho a disfrutar de su jubilación; y segundo, no tenían la obligación de estar pendientes de las responsabilidades diarias de unos niños tan pequeños, y además sin vivir en la misma localidad.

Qué hicimos para intentar conciliar, por llamarlo de alguna forma:

1. Buscar a una persona que nos ayudara en casa y con los niños. Salió de mi marido, porque mi mente no daba para más en esos momentos, y pensar en meter en casa a alguien para dejar a mis dos hijos tan pequeños me costaba mucho de asimilar, pero no tenía un plan B. No conocíamos a nadie que pudiera tener esta dedicación de poder venir cuatro horas diarias. Luis buscó dos palabras clave en internet «*Babysitter* Torremolinos», y así llegó mi querida Inma. Fue como ver algo de luz en mi día a día. Su sonrisa diaria, su amabilidad, lo cariñosa que fue con mis niños, lo resolutiva que era, hacía que mis días fueran más fáciles. No encuentro palabras para decirle lo que supuso que entrara en mi vida. A día de hoy sigue en mi casa, viendo crecer a mis hijos y compartiendo todo tipo de momentos, buenos y malos. Hemos tenido días de todos los colores y mi día sin ella no es lo mismo. Para mí es como parte de mi familia.

2. La conciliación en mi casa era cosa de tres personas, y así fue como empezamos a organizarnos de otra forma. Hasta entonces no pude encontrar un poco de equilibrio. La ayuda con la organización de comidas y de la casa fueron las principales prioridades, unido a que me pude organizar mejor mi agenda de trabajo al dejar a mis hijos en casa para atender reuniones y

temas de trabajo que de otra forma me era inviable. Esto supone pedir ayuda y esta ayuda para mí no tenía precio. No nos sobraba el dinero, tuvimos que establecerlo como una prioridad y reducir gastos para poder contar con esta ayuda en casa.

3. Como medida de organización, intentamos dentro de lo posible que el mediodía fuera un punto de encuentro en la familia y que siempre que pudiéramos comer en casa, a diferencia de otros modelos de familias, que se plantean recoger a los niños del colegio a las 17:00 o 18:00 de la tarde. No queríamos que pasaran los días en los que no vierais a vuestro padre. Plantearnos comer juntos en familia, sin televisión ni móviles desde pequeños fue una de nuestras prioridades, de las mejores decisiones que tomamos para que nuestro día a día fuera más equilibrado.

4. Viajes profesionales. Tanto vuestro padre como yo hemos tenido que afrontar épocas de viajes profesionales. Hemos coincidido los dos fuera sin poder renunciar ninguno a nuestros compromisos profesionales, pero con matices en la organización y conciliación familiar.

Por ejemplo, tu padre se va a China una semana y lo echamos mucho de menos, pero la cosa no trasciende mucho más. Yo he tenido épocas de tener que desplazarme fuera de Málaga con frecuencia para trabajar por toda Andalucía, desde Almería a Huelva, y no me ha sido viable poder volver a casa en el mismo día. Todo se queda muy organizado, pero aun desde la distancia, hacía recordatorio de la agenda, las actividades extraescolares de lo que le tocaba a cada uno cada día… Pese a toda la planificación, mi sentimiento de culpa era impresionante, y para unos niños tan pequeños que yo tuviera que dormir fuera de casa, aunque fuera puntualmente, era lo más parecido a no verme en una semana. Su concepto del tiempo es que un día les parece una eternidad. Con el tiempo os acostumbramos a que mamá, al igual que papá, tiene que trabajar y atender a sus clientes y su trabajo en Marketing Live, y esto supone a veces estar fuera de casa. Todo se va normalizando, porque vuestras rutinas siguen siendo importantes, aunque mamá ese día no esté en casa, se sabe lo que se tiene que hacer, y esto os ha ayudado a ser bastante responsables a la hora de estudiar y hacer los deberes, así como compatibilizarlos con el deporte u otras actividades. Fue un gran logro que con el tiempo sintierais seguridad de que todo estaba como siempre, las mismas rutinas, que mamá llamaría y vendría pronto y que todo tenía que hacerse igual que si yo estuviera.

La conciliación es difícil para todos, pero, además, en el caso de mujeres que llegan al emprender tras la maternidad con niños muy pequeños como una alternativa al empleo, la situación es aún más complicada. Me pregunto quién vende el emprendimiento como una posible solución al tema de la conciliación familiar. Desde mi opinión, no lo es, no lo he vivido así.

Si alguien que desde fuera puede pensar que uno de los motivos para emprender un proyecto y tener un negocio propio es tener una libertad de horarios plena para poder conciliar mejor y hacer lo que te apetezca en cada momento —porque eres tu propio jefe—, la realidad es otra. Tienes tantos jefes como clientes y no siempre eres dueño de tu tiempo ni vas a hacer lo que quieras por la enorme responsabilidad que tienes y sientes.

Te vas a poder organizar de otra forma y estar presente en la vida de tus hijos, acudir a cosas importantes para ellos, llevarlos o recogerlos del colegio, pero tu jornada puede terminar de madrugada o levantarte a las seis de la mañana para comenzar el día temprano y así adelantar trabajo, y tus semanas se alargan hasta el domingo.

Si el único motivo de emprender tras la maternidad es pensar que vas a ser dueña de tu tiempo, descubrirás que eso es relativo. No tendrás que dar explicaciones a nadie de tu horario, eso es cierto, pero asumes tal responsabilidad que vas a tener menos tiempo libre que cuando trabajas por cuenta ajena para alguien. Te lo aseguro: tú eres tu peor jefe. Si tienes hijos, ser emprendedor supone dar el 100 % tanto en el aspecto personal —porque tus hijos te demandan muchísimo—, como a nivel profesional, porque el proyecto de emprendimiento requiere mucha dedicación y esfuerzo. A nadie le importa tu proyecto tanto como a ti y nadie va a hacer tanto por tu proyecto como lo harías tú.

Está claro que para una madre lo primero son sus hijos, pero no es justo en la sociedad actual tener que renunciar a tu faceta profesional o de emprendimiento por no poder contar con ayuda y medidas efectivas. Especialmente pienso que para una mujer emprendedora, autónoma —que ya de por sí asume una carga emocional que no asume el hombre emprendedor—, existe un sentimiento de culpa constante —similar al que experimenta una mujer profesional que se incorpora a su trabajo tras una baja de maternidad—, la sensación de no estar a la altura. No quieres renunciar a tu proyecto, pero el día a día de tu responsabilidad como madre de niños pequeños es difícil.

Parece que estás desatendiéndolos. Que tengamos que depender de tener pareja o de la familia para intentar conciliar es un atraso.

Es difícil describir con palabras este proceso si no has pasado por la complicada situación de intentar afrontar y superar el reto de emprender y conciliar.

Quizás por este motivo decidí en Marketing Live tener una línea de mentorías *one to one* de emprendimiento y marca personal para ayudar y apoyar a emprendedores y a emprendedoras a que pudieran poner su proyecto en marcha y conseguir ver que su idea se convierte en un proyecto real.

Además, me ha generado tanta satisfacción personal y profesional ayudar en concreto a esas grandes emprendedoras y profesionales, muchas de ellas madres, que afrontaban el reto de emprender y conciliar, que no encuentro palabras para describir la emoción de ver cómo han podido hacer realidad su proyecto, y muchos de ellos se han materializado en negocios rentables.

Si estás en estos momentos emprendiendo e intentando conciliar y no morir en el intento, quiero decirte que se puede, que yo lo he conseguido, pero también tienes que saber que hay muchos que se quedan por el camino, y lo entiendo, porque nuestra actual sociedad no nos lo pone nada fácil. Sin duda, quiero insistir en que merece la pena intentarlo y dar el 100 %, y para ello el mejor consejo que te doy, y que no me cansaré de repetirte, es que tu disciplina es lo que te llevará a conseguirlo.

CARTA 13
Aprendiendo a delegar

Querido hijo:

Una de las mejores decisiones que podemos tomar para que todo en nuestro negocio fluya mejor, poder ser más eficientes y crecer tanto en la parte profesional como en el ámbito personal es aprender a delegar.

Me ocurrió que llegó un momento a partir del cual yo notaba que asumía tal carga de trabajo y funciones de todo tipo en mi día a día que me suponía mucha frustración no poder sacar todas esas tareas adelante y, además, se acumulaba siempre el trabajo. Yo me convertía en un cuello de botella y tardé tiempo en aprender a delegar para poder gestionar esta nueva forma de organizarme.

Pero delegar no me resultó nada fácil, la teoría es una cosa y llevarlo a la práctica es otra. Pensaba que nadie podía desarrollar esas funciones de la misma forma que la haría yo, así que me sumergí en un sentimiento de culpa, porque al estar delegando era como que no me sentía capaz de desarrollar esas tareas que había tenido que delegar por falta de tiempo, o que no estuviera asumiendo mis responsabilidades, y realmente eso no es así.

¿Qué significa delegar? ¿En quién podría delegar? Para mí delegar no significaba repartir tareas, mi concepto de delegar suponía que terceras personas asumirían con autonomía, iniciativa y con alta capacidad de resolución las funciones designadas. Y esto implicaba también tomar decisiones que por nuestro tipo de trabajo requieren inmediatez para que todo pueda fluir adecuadamente y no depender de mí para resolver esas cuestiones. Yo no podía atender con inmediatez muchos aspectos de gestión diaria del trabajo, porque ya de por sí tenía que asumir una carga importante y no podía estar en la parte de ejecución rutinaria. Delegar supone soltar el ego y confiar en que otras personas lo van a hacer igual o mejor que tú: delegar no es repartir tareas.

Es imprescindible hacerlo para poder avanzar y gestionar tu tiempo en la parte más estratégica del negocio. Quiero compartirte cuáles fueron mis principales motivos para delegar:

• Mejorar mi productividad, puesto que considero que yo era un cuello de botella.
• Reducir el estrés que me provoca la acumulación de tareas.
• Tener un mejor foco y gestión de mi tiempo, tomar conciencia de cuáles debían ser las tareas en las que me tenía que centrar para seguir haciendo crecer la empresa. Delegar otras que me hacían perder ese camino hacia la consecución de mis objetivos y que realmente no me correspondía ejecutar.

Elegir en quién podría delegar también me resultó realmente difícil, porque al principio de este proceso me tuve que mentalizar yo misma de soltar, y realmente reconozco que no es fácil. Lo pasé mal, si te soy sincera. Este proceso de lo que supone delegar para mí no lo puse en práctica tampoco con rapidez, muy a mi pesar. Sinceramente, reconozco que es algo que tenía que haber hecho antes, porque me supuso ir con más lentitud en todo, era como un freno en algunas etapas en Marketing Live. Son cosas a las que hasta que no te llegan y enfrentas, hasta que no te ves en esa situación, aunque lo hayas escuchado y oído en otros que «delegar es imprescindible», no sabes a lo que se refieren. Logras entender por qué hay personas que no avanzan solo porque no saben delegar. Vuelvo a hacer hincapié en algo que me ayudó mucho en este proceso de aprender, y es la importancia de tener una mentalidad abierta a los cambios que te permita avanzar. Tuve que decirme a mí misma —y convencerme durante meses antes de soltar— que no pasaba nada si me equivocaba, que era parte del proceso. Intentaba hacer uso de un lenguaje positivo, hablarme bien, prepararme, porque si no lo intentas nunca vas a poder afrontar este cambio ni a poner los mecanismos necesarios en marcha.

Una vez que me vi preparada, el primer paso que hice fue elegir a varias compañeras con las cuales tengo muy buena relación tras estar trabajando con ellas durante varios años y que por su actitud y forma de ser consideré que podrían hacerlo muy bien. Aprovecho la ocasión muy especialmente para agradecer en estas líneas a Ana, Inma, Virginia y María, excelentes profesionales que me facilitaron mucho este proceso de delegar en ellas, y que con su labor y por cómo asumieron esa responsabilidad, pude enfrentarme al cambio con éxito y con mucha más confianza. Estoy agradecida de estar rodeada de tan buenas personas y de tan excelentes profesionales. No podría delegar en personas que no tuvieran ciertos valores personales. Las pautas eran que fueran gente con experiencia mínima de tres años y con un alto nivel de especialización. Es muy importante para mí que sean personas con iniciativa, resolutivas y acostumbradas a trabajar con plazos y objetivos.

En este proceso, una vez elegidas las personas, lo siguiente importante para mí era dejarles hacer a ellas, soltar, darles su espacio con una nueva organización y planificación de tareas donde sabían qué plazos, funciones o tareas tenían que ir ejecutando en Marketing Live.

Esto me permitió liberarme de mucha carga de trabajo que hacía que no pudiera focalizar mi tiempo en otras cosas prioritarias y necesarias para mí, para que mi negocio siguiera avanzando y, por otro lado, en la parte personal organizar mejor mi planificación diaria.

En la organización familiar también tuvimos que delegar y plantearnos nuestra organización en casa de otra forma, como ya he comentado en el apartado sobre conciliación. En casa colaboramos todos, es algo que tanto mi marido como yo hemos tenido siempre claro. Teniendo en cuenta los horarios de trabajo, los escolares, viajes laborales, etapas variadas en las que hemos tenido que pasar por todo tipo de situaciones, nos planteamos como una prioridad tener ayuda en casa para organizar mejor y compatibilizar nuestros horarios con los horarios escolares, actividades deportivas, etc. A pesar de que no me sobrara el dinero, lo consideré algo prioritario porque me era imposible llegar a todo.

Te deseo que te plantees delegar como una de las decisiones más inteligentes para tu negocio. Un proverbio africano dice lo siguiente: «Si quieres ir rápido, camina solo; si quieres llegar lejos, ve acompañado».

CAPÍTULO 5

DE EMPRENDEDOR A EMPRESARIO

CARTA 14
Los errores

El talento se educa en la calma y el carácter en la tempestad.
Goethe

Querida Esther:

Lo mejor que te pudo ocurrir para aprender y avanzar es haberte equivocado en muchas cosas, y las experiencias de esas equivocaciones han ido forjando tu carácter de hoy día. No eres la misma persona ahora que cuando emprendiste a finales de 2013. Quería recordarte que si te has equivocado en algo es porque lo has intentado: eso siempre es mejor que no hacer nada. ¡Que no se te olvide nunca! Sé que no llevas bien fallar, no es algo que asumas fácilmente, pese al gran aprendizaje que te supone.

A la hora de poner en marcha el proyecto de Marketing Live y durante su ejecución, sinceramente, Esther, te has equivocado en muchas cosas. Y, sin embargo, sabiéndolo como lo sabes hoy, no cambiarías nada. Es parte del proceso.

Si miras hacia atrás, no sabes si muchos errores fueron inevitables por tu falta de experiencia al emprender. Posiblemente, ahora desde la distancia, ves que sí, pero tampoco sabías en esos momentos que eran errores. Es como iniciar un viaje difícil, que una vez miras hacia atrás y conoces la ruta sabes que hubo vías alternativas ya transitadas que te hubiesen facilitado el trayecto y ahorrado muchos pinchazos.

Sin embargo, también tienes que reconocer que todas estas equivocaciones no te hubiesen llevado a donde estás ahora, ni tampoco te lo hubiese proporcionado el camino fácil, es así.

Estas son mis principales equivocaciones que hoy en día soy capaz de observar con perspectiva:

1. Muchos de mis errores están relacionados con la falta de educación financiera y mi falta de experiencia en el emprendimiento. Esto supone no haber entendido muchos aspectos necesarios para tener mejor control de ingresos y gastos de la empresa, por ejemplo, por mi parte.

2. Tenía claro que debía estar continuamente reinvirtiendo en líneas de mejora del negocio y esto me ha llevado a no tener

una buena previsión en los presupuestos, al igual que me he equivocado al no definir bien los objetivos. He llegado a poner objetivos poco realistas y esto me ha supuesto tener más gastos que ingresos por no haberlo previsto bien.

3. No mirar las cuentas de la empresa con la frecuencia necesaria: esto supone un problema. Como ya he reconocido, la parte administrativa, contable o de finanzas no es mi fuerte. En esta área pude delegar algunos aspectos, pero, aunque delegues, tienes que revisar los indicadores al menos una vez al mes. Yo no lo he hecho así de forma constante. He tenido etapas en las que sí y otras en las que no, porque mis semanas se centraban en apagar fuegos y no encontraba el momento de pararme a revisar, pensar o redefinir nuevos indicadores. Esto forma parte de la estrategia de tu negocio. Pero Esther, como es algo que reconoces que te aburría tanto, solías procrastinar y retrasar estas tareas, no encontrabas el momento adecuado, millones de motivos para encontrar una justificación. Recomiendo tener el hábito de revisar semanal o mensualmente los indicadores de un negocio.

4. Pasar a la acción en el lanzamiento de la empresa, realizando precipitadamente la web corporativa del negocio. Invertí en ella sin tener bien definido en ese momento el tipo de cliente al que se dirigía Marketing Live. Me planteé una web de gran envergadura en varios idiomas (español e inglés) sin ser necesario. Es decir, me precipité en tomar decisiones que afectaban al proyecto sin tener definido muy bien quién sería el cliente ideal. Antes

de nada, tienes que tener muy claro quién va a ser cliente ideal y en función de eso crear una web dirigida a quien le vas a vender.

5. Ha habido épocas en las que no he sabido centrar mis esfuerzos en los objetivos y es un error no haber corregido este tipo de situaciones más a corto plazo. Esther, creo que hay etapas donde te ha costado implementar cambios con la rapidez necesaria.

6. No me puse un sueldo desde el principio ni establecí como una prioridad que yo fuera la primera en cobrar. Me quita el sueño deber dinero a alguien, pero pienso que debes darle importancia a cobrar tú primero, de la misma forma que le das importancia a pagar todas tus deudas. Te ha costado mucho esfuerzo que el pago de tu sueldo sea una prioridad por encima de otras. Por tu forma de ser, siempre están los demás antes que tú misma y eso es un error que con el tiempo has ido solventando, pero aun así te sigue costando mucho implementarlo.

7. No me paré a pensar con la frecuencia necesaria. Has estado en una dinámica de ejecución tan intensa que se te han pasado los años y es necesario algo tan simple como pararte a analizar en qué punto te encuentras y hacia dónde quieres ir. Realmente hasta que no llegó 2020 y la situación del COVID no te paraste a pensar con más claridad.

8. Haber tardado mucho en plantearme poder delegar para dedicarme a las tareas más importantes y relevantes que me co-

rrespondían para el avance del negocio. Y eso que aún hay etapas en las que todavía te cuesta soltar y delegar aún más.

9. No contar con un colchón económico resistente. Con el paso de los años, algo que puedo aconsejar es que el emprendedor debe, en la medida de lo posible, no pedir ningún crédito o endeudarse demasiado. Yo pude invertir en mi proyecto sin necesidad de tener que desembolsar grandes cantidades porque contaba con recursos y ahorros propios, pero sí supuso un sacrificio familiar y considero un error el no haber podido prever mejor esta parte inicialmente. Se puede tardar una media de dos años hasta que puedas vivir de tu negocio.

10. Esther, a veces has actuado más con la intuición que con la razón y esto te ha llevado a ejecutar acciones que luego no han tenido el resultado adecuado al no haber actuado con la cabeza. Lo reconozco, me ciegan las ideas a veces y soy muy emocional. Me arrastra la emoción y he podido cometer errores por dejarme llevar por esas emociones en vez de actuar más fríamente.

No me arrepiento de nada, pero reconozco que llevo mal equivocarme. Sinceramente sé que es un aprendizaje que a medio o largo plazo veré sus frutos, pero lo paso mal en el momento en concreto donde sé que he cometido la equivocación.

De todo ello saco la conclusión de que el aprendizaje de mis errores me ha llevado a ser una mejor versión de mí. He mejorado en muchos aspectos, y creo firmemente que he aprendido de mis errores y que no hay que tener miedo a equivocarse, pues te permite aprender.

CARTA 15
Tipos de clientes

Querido hijo:

Quiero contarte que las empresas las forman las personas, y detrás de cada empresa, como en la vida, te encontrarás con buenos clientes y buenas personas que harán que sientas que tu trabajo y por lo que luchas diariamente vale la pena. Por otro lado, habrá clientes con pocos valores personales, poco profesionales y personas que suelen ser tóxicas en todos los aspectos. Con este tipo de clientes no te vas a entender bien a la hora de prestarle tus servicios y tendrás que aprender a gestionarlo. Quiero que sepas que este tipo de clientes tóxicos van por la vida actuando así, no te lo tomes como algo personal hacia ti, ni te lamentes ni creas que es mala suerte lo que te ha pasado. Es parte del proceso, es algo que inevitablemente al principio casi no vas a poder evitar, pero que con el tiempo podrás detectarlos y te supondrá un gran aprendizaje. Sabrás, igual que sabes en tu vida diaria, cuáles son esas personas, esos clientes a los quieres atraer y con los que quieres trabajar.

En el momento que tienes un negocio vas a tener tantos jefes como clientes, y es parte del proceso de aprendizaje saber adaptarte a cada uno de ellos. Por mucho que en estas líneas intente trasmitir cómo lidiar con este tipo de clientes y cómo puedes evitarlos, no voy a poder evitarte esta situación, ni lo pretendo. Tan solo quiero trasmitirte que cuando te ocurra este tipo de situaciones, aunque a corto plazo sea desagradable, quiero que lo mires con perspectiva y que aprendas de ello. Tendrás que experimentarlo y aprender, al igual que con otros aspectos de tu vida, porque es la única forma que tienes de saber lo que realmente quieres atraer y de quién te quieres rodear. Esto es válido tanto para la empresa como para la parte personal. No creas que hay tanta diferencia.

Empecemos por hablar de esos maravillosos clientes con los que es un placer trabajar. Ese cliente ideal, de ensueño, con el que todo va bien, le aportas resultados, la comunicación es fluida y se convierte en un prescriptor de tu marca. Eso existe y no depende de la suerte ni de factores externos, depende de ti y de que hayas trabajado muy bien dos aspectos que considero de lo más importantes a nivel estratégico a la hora de emprender:

1. Tener muy bien definida la propuesta de valor. Lo que le aportas a un cliente, tu valor diferencial.

2. Concretar muy bien quién es tu cliente ideal. Cuanto más definido esté, mejor te irá y te llegará ese cliente ideal tan maravilloso.

¿Cómo conseguí definir ese cliente ideal? Lo que me funcionó fue ponerme en la piel de esos clientes que necesitaban una consultoría de marketing digital y ventas orientadas a resultados y que se integrara en sus negocios para resolverles cualquier necesidad que tuvieran relacionada con estas áreas. Aunque con el tiempo hemos ido trabajando con clientes que, por tamaño, cuentan con su propio departamento de marketing, nuestra gran mayoría de clientes son pymes, profesionales independientes que no tienen conocimiento ni estructura para disponer de un departamento de marketing y ventas en su negocio.

Ellos encontraban en Marketing Live una empresa de confianza que les solucionaba sus problemas. Donde encontraban tranquilidad y acompañamiento en su transformación digital a través de propuestas de trabajo muy personalizadas, y con una gran capacidad de adaptación tanto a grandes como a pequeñas pymes. Esto es muy difícil de llevar a cabo. De ahí nuestra propuesta de valor diferencial, dirigida a un perfil de clientes muy concreto.

Nuestra propuesta de valor la fuimos adaptando respecto a nuestra competencia: agencias o consultorías que solo atendían a clientes de un determinado tamaño o según nivel económico —que contasen con un mínimo de presupuesto—, o muchas otras que trataban a los clientes como simples números, sin recibir ningún tipo de atención personalizada ni de escucha activa para saber lo que realmente necesitaban.

En definitiva, la gente quiere resultados. Que resuelvas sus problemas y se lo pongas muy fácil, quieren sentirse escuchados de verdad, quieren tener una atención al cliente muy cuidada. Esto no es fácil de implementar ni de conseguir, pero si logras que tu propuesta de valor genere confianza y la diriges a ese cliente ideal que necesita de tu ayuda, tendrás más posibilidades de atraer al tipo de clientes que quieres tener en tu negocio.

Nos han llegado clientes por diferentes canales donde la propuesta de valor la hemos trabajado tanto en la parte digital como en la parte *offline*.

- Nos posicionamos en Google por diferentes servicios concretos a nivel nacional que nos interesaba a nivel comercial: servicios de Instagram para empresas, creación de tiendas online, programación y diseño de web corporativas, y servicios muy especializados de LinkedIn para profesionales y empresarios, entre otros.
- Estrategia en redes sociales.
- Ampliar nuevas audiencias a través del Podcast.

Para conseguir que un cliente sea prescriptor de tu marca tienes que ofrecer resultados, pero antes de llegar ahí hay algo que se tiene que generar que es lo más importante en cualquier relación comercial y en las relaciones humanas: la confianza.

Para mí las palabras más importantes y que más respeto me imponen es que un cliente me diga «confío en ti, en tu trabajo y en tu equipo» y puedo poner en marcha todo el proceso en Marketing Live. Hay algo tan grande y poderoso en esas palabras que me llena de una energía tan buena, tan inexplicable que me mueve y me incita a actuar dando siempre el 100 %, sea quien sea a quien tenga detrás; desde un autónomo con un presupuesto más limitado hasta grandes empresas donde hemos abordado proyectos complejos, clientes tóxicos incluidos, donde siempre hemos mantenido ese 100 % de dar lo mejor de nosotros mismos. Nos mueve la pasión por nuestro trabajo y eso supone una entrega a los demás, tenemos una vocación de servicio, de preocupación real por nuestros clientes y de ayudarles a generar un cambio. Sentimos su negocio como parte del nuestro y eso es algo que si no lo sientes realmente no se puede disimular, ni lo puedes transmitir. Por eso digo que el que emprende por pasión en algo que realmente le gusta se nota mucho, y te lo notarán.

El dar siempre ese 100 % en todo lo que hagas es el mejor consejo que te puedo dar cuando un cliente confíe en ti. Es algo maravilloso para ti, porque tendrás tu conciencia tranquila, finalizarás el día con la sensación de que lo has dado todo y te ayudará a mantener la calma cuando vengan las tormentas. Me enorgullezco porque al dar siempre todo y lo mejor que podamos entregarle a un cliente, nunca se nos ha quedado la sensación de no haber estado a la altura de esa confianza que nos otorgó.

Hay aspectos que no han dependido de nosotros y que están fuera de nuestro ámbito profesional. Nos hemos podido equivocar, como personas que somos, porque nadie es perfecto. Si no hemos podido cumplir esas expectativas —porque no era nuestro cliente ideal— y siendo nuestro cliente hemos tenido que cesar relaciones por diferentes motivos, aun así, en ocasiones, hemos seguido recibiendo sus recomendaciones. Eso es algo tan gratificante que me emociona cuando me llaman y me dicen que nos recomendó un antiguo cliente. Es difícil de trasladar lo que se siente.

Hemos tenido que cesar relaciones con clientes por época de crisis, clientes tóxicos, por problemas económicos del cliente, empresas familiares asumiendo cambios generacionales, empresarios que por su mentalidad no han estado preparados para la transformación digital y no hemos podido implementar las acciones indicadas, falta de compromiso y de comunicación por responsables de marketing o gerentes de empresas, etc. Pese a todo ello y, aunque a corto plazo son situaciones que no son fáciles de digerir, el saber que lo has dado todo te ayudará con este aprendizaje.

Te recuerdo algunos de los consejos que me resultaron útiles en el proceso de conseguir los primeros clientes, y que posteriormente a nivel comercial siguieron haciendo crecer la cartera de clientes.

- Definir el nicho y a qué tipo de mercado te quieres dirigir.
- Definir si te vas a dirigir a otras empresas B2B (*Business to business*) o si te vas a dirigir a un consumidor o cliente final, B2C (*Business to consumer*), o puede que a ambas. Por ejemplo, en Marketing Live tenemos una línea de formación y de servicios dirigidos a otras empresas, organismos, entidades públicas o pymes como universidades, o colegios profesionales. Por otro lado, tenemos otros servicios esta vez dirigidos a autónomos o profesionales. En ambos casos hemos tenido que adaptar las estrategias de marketing.

- Definir un micronicho de mercado por sector o colectivo profesional (sector turístico, abogados, farmacéuticos, veterinarios, arquitectos, sector alimentario, sector moda, etc.).
- Una vez definido este micronicho, pensar a través de qué canales puedes conectar con este tipo de cliente ideal, tanto en ámbito *offline* como en el *online*. En el ámbito *offline*:

    - Detectar a la persona que toma las decisiones en la empresa —gerente, director general o el mismo profesional si es autónomo— y concertar una visita personal en el negocio.
    - Convenio con colegios profesionales. Hemos llegado a tener convenios con colegios profesionales para poder llegar a un colectivo concreto de una zona geográfica determinada, como el que establecimos con el Ilustre Colegio de Veterinarios de Málaga para ofrecer formación y líneas de descuentos en nuestros servicios a sus colegiados de Málaga.
    - Eventos de *networking*. Me fue útil asistir durante el primer año de la empresa a eventos de ámbito empresarial donde puedes conectar con potenciales clientes.
    - Asistencia a ferias profesionales y eventos formativos de mi interés, donde encontraba siempre oportunidades de crear sinergias.
    - Apuntarte a alguna asociación empresarial.
    - Conseguir aportar resultados a mis clientes desde el primer momento para conseguir fidelizarlos y que re-

comendaran mi empresa. De esta forma conseguí que a través de recomendaciones y de las opiniones de mis clientes me llegaran otros referidos, con un alto nivel de conversión e interés por la confianza que le generábamos al venir recomendados. Sabían que no fallaríamos a la hora de ayudarlos a resolver sus necesidades.

En el ámbito *online*:

• Trabajar la visibilidad de mi marca personal y de la empresa en redes sociales a través de estrategias de contenido que puedan aportar valor e interés a nuestro cliente ideal. Siempre pensamos en nuestro cliente para saber qué tipo de contenidos les puede resultar de interés.
• La red social que me aportó más valor y que me sigue aportando a día de hoy a la hora de trabajar mi marca personal es LinkedIn. A través de esta red social he conectado con potenciales clientes a los cuales luego he podido conocer y generar reuniones para conectar con los responsables o gerentes de esos sectores profesionales que seleccionaba.
• Trabajar la web como una herramienta de promoción y herramienta comercial aportando desde ella diferentes llamadas a la acción que incitaran a rellenar el formulario de contacto para pedir información de los servicios.
• Trabajar el blog de la empresa para, entre otros aspectos, aportar valor a través de los contenidos y ayudarnos

a mejorar el posicionamiento en Google.

• Trabajar el modelo de subscripción.

• Estar abierto siempre a las nuevas tendencias y formatos. Actualmente, me siento muy cómoda en el formato podcast, aunque reconozco que este formato no es apto para todo el mundo porque no es fácil comunicar solo con la voz. Es un formato muy íntimo: el podcast permite tener un grado de cercanía que no proporciona el vídeo. Muchas veces la imagen distorsiona o te distrae del mensaje. Hay una audiencia de empresarios y profesionales tanto a nivel nacional como de otros países de Latinoamérica a los que estamos llegando gracias a este formato en audio, y que de otra forma no hubiese sido posible. Es muy segmentado el perfil que consume podcast.

Ahora, quiero hablar de los clientes tóxicos, personas tóxicas, en definitiva. Personas con las que no te vas a terminar de entender nunca, con las no se puede generar una buena comunicación y que te supondrán una pérdida de tiempo considerable.

En tu etapa inicial de emprendimiento es más difícil que sepas reconocer este perfil de cliente, pero con el tiempo y experiencia podrás aprender a detectarlo. Te recomendaré algunas pautas, no obstante, de lo que me he encontrado en mi camino.

Voy a sintetizar los 3 tipos principales de clientes tóxicos que aprendí a detectar y gracias a los que sé a quiénes no quiero como clientes.

1. Clientes morosos que no pagan.

2. Clientes que se quejan por todo sin aportar soluciones constructivas.

3. Clientes que te hacen perder el tiempo por varios motivos y que no te aportan nada.

Veamos cada tipo con detenimiento...

1. El cliente moroso

Es un cliente al que vas a detectar pronto. Para evitar este tipo de clientes, te recomiendo firmar siempre un contrato donde se establezca el periodo de pago, y en muchos casos hay que abonar por adelantado un cargo a cuenta si quieres evitar complicaciones con ellos.

Si el cliente tiene un periodo de pago acordado y no está abonada la factura en tiempo y forma, debes informarle e interrumpir el servicio que estés prestando hasta que no esté efectuado el pago establecido.

En definitiva, cobras y ejecutas. Si el cliente no paga, se informa y se interrumpe el servicio. Nunca deberíais prestar servicios sin que estén abonados según lo acordado en tu contrato.

Aquí metemos también a clientes que pagan siempre tarde. Intenta a modo de recordatorio decirle cada mes el hito de pago. Si ves que esa situación con este tipo de clientes puede hacer peligrar tus finanzas, intenta entonces ser claro y rescindir el contrato con este perfil.

2. El cliente que se queja de todo sin aportar soluciones constructivas

Este tipo de clientes se descubre cuando tu servicio depende en parte del trabajo de tu cliente. Te hará perder mucho tiempo, y el tiempo es dinero. Entre otras cosas, suele tardar mucho en facilitarte la información necesaria para el proyecto, y claro, en muchos casos, hay aspectos que para poderlos abordar dependes de que el cliente te aporte una información, personas de contacto, etc. Este tipo de cliente se queja, además de que, pese a no entregar las cosas requeridas pone pega a todo, le escribes correos que tarda en contestar casi una semana… Todo ello se evita si desde un principio se establecen las pautas escritas. Es recomendable siempre tener un contrato para ello y si aun así es inviable poder fluir con el trabajo, ser claros y transparentes. Decirle al cliente que no se le puede aportar valor si no hay un trabajo coordinado y comunicación por ambas partes. Hay que recordar desde el principio a un cliente qué parte necesitas que aporte y recomendar siempre poder contar con un interlocutor en la empresa en la que delegar para que el trabajo pueda ser fluido.

3. El cliente que te hace perder mucho el tiempo

Hay otro tipo de cliente que, entre otras cosas, te hace perder mucho tiempo y además siempre pide más de lo que paga. Es más bien el típico cliente aprovechado, y parece dar por hecho que tienes que atender todo lo que te pida y a cualquier hora porque te ha contratado. Con este tipo de cliente tendrás que aprender a establecer límites.

Es un proceso de aprendizaje, como digo, saber detectar a estos clientes, y aprender de ellos a saber qué es lo que no quieres. Te recomiendo siempre tener un contrato que regule bien las condiciones y, por otro lado, presta atención a filtrar muy bien a quién quieres tener de cliente.

Aquí metemos también a esos potenciales clientes tóxicos que te llaman con mucha urgencia para pedirte presupuestos, clientes a los que has atendido y les has dedicado un valioso tiempo a preparar su propuesta y te das cuenta de que lo urgente no era tan urgente y que, tras varias reuniones, siguen sin avanzar ni concretar. Te recomiendo que si para la tercera reunión o contacto le pides una respuesta tanto afirmativa como negativa y no te responde, lo dejes etiquetado en tu lista negra. Te darás cuenta de que muchos no te dan ni una respuesta. Si alguien que solicita tus servicios, le dedicas tiempo a atenderlo y ni siquiera te da una respuesta ni negativa ni positiva, me pensaría mucho si trabajar con este perfil de clientes. No pienses que pierdes un cliente, pierdes un problema, es decir, ganas en tranquilidad y en tiempo para los clientes que sí te interesan.

Te animo a ver todo esto como un aprendizaje, y nunca te arrepientas ni te lamentes de tu mala suerte si te tocan este tipo de clientes, sobre todo al principio de tu etapa de emprendimiento. Posteriormente irás filtrando mejor y llegará un momento en el que no tendrás clientes tóxicos, porque ya habrás filtrado muy bien a quién quieres tener a tu lado como cliente en tu día a día.

Te recomiendo dejar ir a todo aquello que te está haciendo perder un tiempo valioso y esa energía tan preciada y tan útil que podrías canalizarla en esos otros clientes que realmente te valen la pena y son maravillosos.

CARTA 16
Etapa poscovid

Querido hijo:

Hubo una fecha que marcó un antes y un después en nuestras vidas y que formará parte de nuestra historia y de la tuya: el 14 de marzo de 2020.

Ese día se decretó entrar en cuarentena bajo el estado de alarma en España debido a la crisis sanitaria mundial de la COVID-19.

Esta situación supuso para miles de personas en nuestro país —y de un día para otro prácticamente— encontrarnos sin poder salir de casa a excepción de las personas que por su trabajo estuvieran clasificados como actividades esenciales. Tuvimos que replantearnos, repentinamente, un cambio de hábitos para amoldarnos a una nueva forma de vivir, marcada por exigentes protocolos sanitarios. Esto nos está pasando factura a todos, en mayor o menor medida, pero las consecuencias de esta pandemia se verán reflejadas a nivel psicológico y emocional en los próximos años.

Me encuentro en estos momentos, tras aproximadamente más de un año después de ese 14 de marzo, escribiendo estas líneas. Me acaban de vacunar y reconozco que todavía no soy del todo consciente de la envergadura de lo que nos ha pasado en tan poco tiempo. Acepto que no vamos a volver a la situación anterior al año 2020 en muchos aspectos, y para mí esta fase de aceptación con todos sus matices emocionales está siendo difícil pero necesaria. Hay días que parece que estoy en montaña rusa.

Te lo comparto como parte de mi vulnerabilidad y de este proceso de asimilación que está brotando ahora tras más de un año. Creo que lo mejor que podemos hacer es aceptar las circunstancias de ahora tal y como son y tener esta fase de aceptación. En mi caso está siendo muy necesaria para asimilar este cambio de etapa. En este tiempo de pandemia no he tenido tiempo de pararme, he tenido que ejecutar y seguir. Por eso mi fase de aceptación está siendo necesaria y vital para mí.

Se habla mucho del COVID, de lo que es la enfermedad a nivel físico, pero creo que se ha hablado poco de la parte emocional de toda esta situación y es la que yo te quiero compartir sobre cómo yo lo he vivido.

Esta fase de aceptación y de afrontar emocionalmente mejor esta crisis la estoy superando, porque considero que emprender me ha preparado para afrontar la adversidad y la incertidumbre mejor y me ha hecho ser una persona más resiliente.

Esta situación también me ha permitido valorar lo afortunada que soy, valorar aún más lo que tengo, lo más positivo y apreciado que tenemos, que es el momento presente, aceptar mis límites y vulnerabilidad.

Mi experiencia como madre y emprendedora en esta etapa ha sido y está siendo muy dura. El periodo de cuarentena no ha sido para mí un periodo relajado, contemplativo, de no hacer nada y de tener tiempo libre para aburrirme, de poder reflexionar sobre mi vida o ver series de televisión para hacer pasar las horas y los días como he visto circulando por la red: eso está muy lejos de lo que fue mi realidad.

Recuerdo lo que estaba haciendo pocos días antes de ese 14 de marzo. Estaba impartiendo formación presencial para la Universidad de Málaga, abordando nuevos proyectos, cerrando presupuestos y preparando nuevas campañas para clientes. Sin embargo, notaba que el ambiente estaba enrarecido.

Y así fue, a los pocos días nos vimos encerrados en casa por un periodo de varios meses, reestructurando nuestros hábitos familiares, cerrando una etapa y, para muchos, reestructurando su vida con el impacto emocional que eso supone sin contar además que alguien cercano o de tu familia estuviera pasando por una enfermedad.

Familias rotas por la pérdida de algún ser querido, sueños interrumpidos, sueños que no se podrán realizar, sueños aplazados sin fecha, cierres de empresas, negocios que no han podido levantarse de nuevo, despidos, expedientes de regulación de empleo... Esa es la cruda realidad de lo que nos encontramos en pocos meses y de lo que tenemos actualmente tras más de un año.

Una vez más, me encontraba en otra crisis, pero a diferencia de la anterior en 2013, que me llevó a emprender, en esta tenía que aprender a navegar en medio de la tormenta.

Durante la cuarentena, te comparto y reconozco que he tenido dificultades para dormir. He tenido ansiedad y claustrofobia de estar en casa, impresión de que me faltaba el aire y todo ello unido a una sensación anímica extraña. Tuve que esforzarme por crear un espacio vital interno, por cuidar mucho la calidad de mis pensamientos, intentar mantenerme positiva... Para ello tuve que centrarme en darle mucha importancia a esas rutinas básicas tan necesarias que ya he comentado y que me hacen tener foco en el día a día, sin más pretensión.

Concentrarse en el momento presente para controlar el estado emocional es uno de los pilares por los que merece la pena esforzarse. Es un recurso que te va a ayudar a que las circunstancias externas no te dominen para poder gestionar el día a día, tanto profesional como personalmente.

Fue muy importante para mí tomar las riendas desde el principio y en el mismo momento que fui consciente de que al día siguiente ya no saldríamos de casa en un tiempo. Pero no sabíamos cuánto podría durar aquello y una vez más destaco la importancia de pasar a la acción y que el miedo a la incertidumbre no te bloquee.

Para ello, no dejaré de recordarte que la mente, una vez más, será tu mejor aliada. Me resultó útil para afrontar mejor la situación centrarme en gestionar el día en el que me encontraba sin poder ir más allá. Esto ya me suponía un importante y extenuante esfuerzo. De un día para otro, además, tuve que implementar la escuela en casa en unas 48 horas o lo que viene a ser en un fin de semana. Nos encerramos un viernes y el lunes teníamos que afrontar una jornada escolar y de trabajo en casa. Al igual que miles de familias de este país, nos encontramos que niños, padres y profesores teníamos que reestructurar toda la metodología de enseñanza para abordar lo que quedaba de curso (marzo-junio) de la mejor manera posible. Sinceramente, se hizo lo mejor que se pudo y se ha notado qué profesores son vocacionales y cuáles no, porque hay cosas que no se pueden disimular. Los que sienten pasión por su profesión han luchado contra viento y marea para poder hacerlo lo mejor posible y preocuparse no solo de mandar deberes o de que estudien como puedan, sino de la parte psicológica, de cómo se encontraban los niños. Hay cosas que nunca podrán ser sustituidas y por muchas plataformas que se habiliten y por mucho medio digital en el que nos encontremos, hay profesiones que no se van a poder sustituir nunca. La escuela *online* ha venido para quedarse, y estoy de acuerdo en que la tecnología aporte valor al ámbito educativo. Sin embargo, el confinamiento puso en evidencia que el contacto de los niños con sus compañeros y profesores es fundamental para su desarrollo educativo y social.

Quiero destacar que no todas las familias pudimos hacer este proceso bajo las mismas circunstancias, y quiero que esto se recuerde con el paso del tiempo y que nunca se olvide. Esta crisis sanitaria y las consecuencias que ha supuesto han tenido una repercusión muy directa en esta generación de niños, menores de edad, adolescentes que han sido conscientes de lo que ha ocurrido pero que con esa mirada de niños se han sabido adaptar a los cambios a una velocidad de vértigo y ver las cosas con otra lupa diferente a los adultos. Ellos son, junto con los sanitarios para mí, los grandes héroes de esta pandemia por el gran ejemplo que han sabido darnos.

Ha habido familias cuyos padres se han visto afrontando un cierre de su negocio y que no han tenido la opción de teletrabajar, con las consecuencias emocionales que esto supone, junto con niños en casa atendiendo como han podido sus responsabilidades escolares.

Familias que trabajaban los dos y no tenían con quién dejar a sus hijos, teniendo que buscar alternativas de un día para otro.

Familias como la mía, donde uno de los miembros tenía la opción de poder teletrabajar, como era mi caso, compartiendo espacio de trabajo u horarios escolares en la misma franja horaria que la de mis hijos. Con la sobrecarga de estrés que supone las interrupciones constantes, no poder atender a la vez reuniones de trabajo de la misma forma que lo estaba haciendo pocos días antes. Donde además los niños tenían que habituarse a tener un horario escolar en casa y a entrar ellos directamente en las plataformas *online* para poder hacer el seguimiento escolar dentro del horario marcado en el colegio que coincidía con mi horario de trabajo.

En el caso de que tengas varios hijos en edades escolares diferentes (primaria, secundaria), se sumaban distintos horarios escolares y de estudio en casa que había que respetar, y todo ello de forma paralela a compatibilizar una jornada laboral.

Familias asumiendo despidos y expedientes de regulación de empleo quedándose sin recursos económicos.

Ha sido realmente duro y complicado, esto ha generado un antes y después que se quedará marcado para siempre en nuestras vidas, y también ha supuesto que muchos niños de este país no hayan podido seguir el ritmo escolar al no disponer de internet y de varios dispositivos en casa por falta de recursos. La realidad es que parece que damos por hecho que todo el mundo cuenta con wifi en casa y con varios ordenadores, y no es así.

Quiero en estas líneas poner de manifiesto lo que ha supuesto en nuestra sociedad tomar consciencia, de esta forma tan brusca y dura, de esa gran brecha digital que ha existido y de que en muchas familias, como por ejemplo en la mía, donde somos cuatro personas, era necesario disponer de un ordenador para cada uno. En nuestro caso pudimos afrontar el proceso y disponer de todos los recursos, pero la realidad de lo que se vivió en nuestra sociedad es que ha habido muchísimas familias que no pudieron adaptarse a la situación.

A nivel profesional y desde el punto de vista de empresa, el término «teletrabajo» llegó para quedarse, pero muchas compañías tampoco han entendido lo que realmente significa: hace alusión a estar trabajando desde casa, y parece ser que se ha entendido una norma no escrita de que estar teletrabajando es estar conectado casi las 24 horas a tu dispositivo, o que se dé por hecho que tengas que estar disponible a cualquier hora.

Me refugié de nuevo en mis rutinas básicas, las que me ayudan siempre en el día a día y en los momentos difíciles a no perder el norte. Desconozco cuántas crisis me tocará pasar en mi vida o lo que me depara el futuro, quiero decirte si ahora estás viviendo alguna o sea cual sea tu situación, que te esfuerces y encuentres refugio en tener esas rutinas básicas que te proporcionan bienestar mental y físico para poder cuidar de tu salud. Encuentra las tuyas y si necesitas ayuda de profesionales pídela.

No he necesitado ayuda psicológica para afrontar esta crisis ni las otras anteriores, pero me tengo que refugiar en esas rutinas básicas que veo tan necesarias, aunque te parezcan algunas de ellas tonterías o muy obvias, pero en mi caso es lo que me ha ayudado a salir reforzada de los malos momentos. Te comparto lo que en una etapa de crisis me ayuda y lo que me ha ayudado a gestionar mejor la etapa de pandemia y pospandemia.

1. Intentar descansar y alimentarse bien.
2. Mantener rutinas para seguir levantándote y acostándome a las mismas horas.
3. Empezar el día y acabarlo con calma, desayunando con tranquilidad, contemplar el amanecer, meditar, escuchar música. Encuentra lo que te proporcione bienestar y te haga sentir bien.
4. Hacer la cama y mantener el orden, ¡imprescindible!
5. Si trabajas desde casa, quitarse el pijama, vestirse y asearse antes de sentarse en el espacio de trabajo. Fija un horario para ello, puedes igualmente optar por un atuendo cómodo, pero veo importante que no te pongas a trabajar en pijama. Personalmente, opto incluso por un maquillaje ligero y me gusta usar mi perfume habitual, aunque esté en casa. Lo hago porque me hace sentir bien.

6. Si haces videoconferencias de trabajo, cuida tu entorno, tu atuendo y los detalles para esa videollamada. Opta por fondos de pantallas corporativos si puedes, intenta evitar que se vean esas cortinas de fondo tan poco favorecedoras, o estar en la cocina con el microondas detrás… Cuida estos detalles.

7. En el caso de que tengas niños en edad escolar, de igual forma, mantener sus rutinas en cuanto a levantarse y acostarse a las mismas horas, el aseo y orden en su cuarto. Todo ello dependiendo de la edad de tus hijos. Hay que sabe adaptar este tipo de rutinas según la edad.

8. Establecer ciertas pautas en horario de trabajo en casa: si tus hijos tienen edad para entender, poco a poco van integrando esto. Tienen que respetar tu espacio de trabajo y avisarles de cuando estés en reuniones para intentar evitar interrupciones en ese periodo.

Si se generan interrupciones y aparecen tus hijos debajo de la mesa, tras la pantalla, se escucha como ruido de fondo la Play Station, la tele o se están peleando, que no cunda el pánico, intenta normalizar la situación y actúa con naturalidad. A veces esto va a ser inevitable y requiere hacer una breve pausa para ir a hablar con tus hijos o ver cómo gestionar la situación. Tu interlocutor puede llegar a entenderlo, puesto que este tipo de situaciones se han generado durante la pandemia con mucha frecuencia.

9. Asumir que un horario de trabajo en casa con niños está supeditado a tener interrupciones, y que no se puede comparar a tu horario habitual de trabajo. Intenta relajarte.

10. Decidí cuidar mucho mi energía, y esto supuso hacer limpieza de gente tóxica que no me aporta nada, tanto en mis redes sociales como en el teléfono.

11. Dejé de ver telediarios y filtro las fuentes de información de noticias a una vez al día como mucho para no sentirme saturada constantemente con noticias negativas y centrarme en mis prioridades.

12. Hacer deporte como mínimo 3 veces en semana.

13. Establecer rutinas de ocio, intentar relajarse y desconectar. Especialmente en mi caso con mis hijos, tanto en la etapa de cuarentena con teletrabajo y escuela en casa como en esta etapa poscovid tan dura, donde hemos tenido muchas limitaciones para hacer cosas. Me preocupo mucho por el estado emocional de mis hijos e intentamos hacer planes que nos permitan soltar y descargar la tensión que acumulamos.

Me voy encontrando mejor cada día, quizás también en parte gracias a mi experiencia como emprendedora, con la que he desarrollado habilidades para adaptarme con más rapidez a los cambios. He de reconocer también que lo que peor he llevado no ha sido la incertidumbre, sino la falta de libertad.

El emprendimiento te lleva a estar abrazando la incertidumbre de forma constante y del mismo modo tienes que salir de tu zona de confort, por eso me siento familiarizada con esa incertidumbre y no me incomoda tanto. Sentí mucho la falta de libertad de movimiento y de no poder trabajar de la misma forma que lo hacía habitualmente. Yo soy muy familiar personalmente, y por otro lado a nivel profesional soy de estar fuera de mi oficina o visitando a mis clientes de primera mano, así que no poder ir a donde quisiera o tener ese contacto personal lo he llevado muy mal.

Sin embargo, he visto cómo hay personas que unido a esa falta de libertad se han visto saliendo de su zona de confort de un día para otro y sentir en su piel esa incertidumbre de primera mano sin elección, sin estar preparado mentalmente. Es tan desagradable que desgraciadamente se me ha partido el corazón al ver entrar en depresión a los pocos meses de esta cuarentena a personas que no han podido gestionar esa incertidumbre.

Este tipo de situación, tal y como la he vivido yo, me ha llevado a sacar la siguiente reflexión. La incertidumbre nos acompaña a todos, los que trabajan por cuenta ajena en una empresa están rodeados de una falsa seguridad que les hace creer que están bajo un ecosistema «seguro». De un día para otro, cuando eso se rompe, te encuentras cara a cara con esa incertidumbre, aunque siempre ha estado ahí y realmente es parte de la vida. Considero que el emprendedor ha elegido como estilo de vida abrazar la incertidumbre y salir de su zona de confort. Se acostumbra a ella, no le paraliza, puede avanzar pese a sentir miedo y aprende a vivir con ella, por eso creo que se sabe adaptar mejor a los cambios gracias a este tipo de mentalidad que se desarrolla en el emprendimiento.

En mi caso, la organización de la empresa no se vio afectada, pues estábamos acostumbrados a hacer teletrabajo. Para mí no es estar conectado a unas horas fijas, sino poder trabajar desde casa organizándote tu agenda con flexibilidad. Puede que haya días que esté conectada a las 23:00 o que esté trabajando a las 6:00, y no tengo que darle explicaciones a nadie mientras esté todo mi trabajo ejecutado en tiempo y forma según los objetivos marcados. Por lo tanto, esta crisis nos ha pillado preparados en toda esta parte de digitalización y de nuevas tecnologías en la empresa, al igual que preparados organizativamente, y esta forma de trabajo no era una novedad para nuestro equipo.

Toda la estructura de trabajo continuaba de la misma forma al tener muy bien delegado el reparto de funciones y trabajo con el equipo todo. Lo que sí me afectó era el que yo no podía estar al 100 %, como suelo estar en un día habitual. No podía atender todas mis responsabilidades de la misma forma al tener que organizar de forma paralela la escuela en casa. Tenía muchas interrupciones, me encontraba muy desconcentrada y todo me resultaba muy intenso y agotador. De ahí la importancia de aceptar mis límites.

Ha sido también una etapa de crecimiento y aprendizaje mutuo con mis hijos, han sido una fuente de aprendizaje y de inspiración en mis días difíciles, me han dado un gran ejemplo de adaptación al cambio y han sido los primeros en cumplir estrictamente todos los protocolos que se les han dicho hasta el infinito y más allá. Creo que les ha faltado dormir con mascarilla… Por lo demás, lo han hecho todo al 100 %. Se han acostumbrado a llevarla bien puesta y a lavarse las manos al llegar a casa. En estas líneas les traslado toda mi admiración porque han sido más responsables y lo han hecho mejor que muchos adultos.

He tenido que aprender a gestionar mejor las emociones, tanto las mías como ayudar a mis hijos aprender a gestionar las suyas lo mejor que he podido como madre, porque ellos pese a todo han tenido también días complicados, que estaban muy irritables, de mal humor, días muy grises por la situación. Eso sí, todos recordaremos siempre que pese a tener un día complicado salíamos a aplaudir al balcón cada tarde en homenaje a esos sanitarios que se estaban dejando la piel y muchos la vida en esta crisis. Incluso teníamos dibujos puestos en las ventanas que he querido guardar como algo que nos unió a todos (familia, sociedad) en esos momentos.

He tenido que asistir en el mismo día y con la mejor de las actitudes a una graduación de mi hijo de 6.º de primaria vía online para ver cómo él cerraba de esta forma esta etapa de su vida para dejar de ser niño y convertirse en un adolescente. Por otro lado, pocas horas después tuve que atender la llamada de un cliente desesperado, obligado al cierre de su negocio y al que no podríamos continuar ayudándole con nuestros servicios por falta de recursos. Mis días, como te comparto abiertamente, eran así, como estar en una montaña rusa donde mi tendencia a ver el lado positivo de las cosas me permitió también regalarles sin tenerlo planeado a mis hijos un aprendizaje muy valioso que espero que no olviden nunca: la vulnerabilidad.

Han visto mi vulnerabilidad en esta etapa y otros han visto cómo he dejado fluir las emociones en vivo y en directo. No quiero tener una máscara ante ellos, como madre perfecta, que todo lo resuelvo y llego a todo. Hay días complicados en los que he tenido que reconocer ante ellos esos límites y sentirme expuesta. Me han visto llorar y explicarles cómo me siento, y eso también es un gran aprendizaje.

Ellos me han acompañado y respetado esos momentos, y ya saben que hay días donde no vamos a poder con todo, hay que aceptar las emociones sin etiquetarlas y compartir cómo nos sentimos no nos tiene que dar vergüenza.

La situación que nos ha traído también esta etapa poscovid es que a nivel tecnológico la sociedad ha avanzado cinco o seis años. La economía es digital y los clientes son digitales, esto se traduce en que he visto cómo negocios y profesionales que no estaban digitalizados se han encontrado fuera de mercado, y aunque nunca es tarde, ahora lo tienen más difícil. No pueden pensar que por crearse una web, o abrirse ahora unas redes sociales obligados por la situación, por ejemplo, se les vaya a garantizar que su negocio pueda ya solventar mejor la situación. Así es la digitalización.

Quienes tenemos la oportunidad de poder hacer teletrabajo y de que afortunadamente nuestro negocio siga hacia delante, podemos sentirnos afortunados y agradecidos, teniendo presente a la cantidad de personas que aún a día de hoy, tras más de un año, continúa en desempleo o con un expediente regulador temporal de empleo, negocios que han desaparecido y muchos sueños e ilusiones que siguen rotas.

CARTA 17
Beneficios que me ha aportado emprender y la persona en que me he convertido

Querido hijo:

Todas las personas evolucionamos, pasamos por varias etapas, maduramos a base de nuestra experiencia. La persona que soy no tiene nada que ver con la que fui antes de emprender. Ni mejor ni peor, pero sí diferente, porque estoy donde quiero estar por atreverme a elegir y a buscar mi camino.

La persona en la que me he convertido se lo debo al emprendimiento. Este proceso me ha aportado muchísimo desde el punto de vista de crecimiento personal y a desarrollar nuevas habilidades, abrir mi mente al cambio constante, el estar fuera de mi zona de confort, gestionar la incertidumbre te hace desarrollar nuevos hábitos y tener un estilo de vida diferente.

El emprendimiento también me ha llevado a dar a lo demás lo mejor de mí. Siento el emprendimiento como una vocación de servicio y de ayuda, de aportar algo a la sociedad cubriendo necesidades o solucionando problemas a personas que necesiten de mis servicios.

He aprendido a controlar mejor mis impulsos y mis emociones en mi día a día, he desarrollado nuevas habilidades para las relaciones interpersonales al tener que tratar con tantas personas tan variadas y al tener que resolver tantos problemas, además de aprender de mis errores.

He tenido que esforzarme aún más en mis hábitos y he descubierto que soy más disciplinada de lo que pensaba. Por ejemplo, este libro lo he escrito a lo largo de nueve meses de gestación con mucha disciplina. Cada mañana de lunes a viernes he sacado una hora diaria para escribir, y los fines de semana entre tres y cuatro horas. Hay días en los que me ha fallado la motivación, pero lo que no me ha fallado ha sido la disciplina.

Cuando eres emprendedor, sientes una enorme responsabilidad al crear algo tuyo y al depender tus ingresos de los servicios que prestas. Cuando noto que me falla la motivación —sinceramente, no puedo estar motivada las 24 horas del día los 365 días de la semana—, lo que me lleva a seguir pasando a la acción es la disciplina y la pasión que sigo sintiendo por mi proyecto y que no me abandona ni en los días malos, porque realmente la siento y nace desde dentro.

El emprendimiento también me ha llevado al éxito, y el éxito para mí lo puedo resumir en estos cuatro puntos:

• Haber hecho realidad mi proyecto y tener mi propio estilo de vida. El que yo he elegido.
• Pasar a la acción y salir de mi zona de confort para dar ese primer paso tan necesario.
• Ser auténtica conmigo misma y actuar en consecuencia a mis valores.
• Aceptar mi vulnerabilidad como parte del éxito. Aceptar esa exposición a la incertidumbre, y aceptar esas emociones que me han surgido como parte del proceso de crecimiento interior.

Las empresas han de ser rentables, y siento decepcionarte si pensabas que para hablar del concepto del éxito en estas líneas te iba a hablar de volumen de facturación. Lo que te traslado es que el concepto del éxito es diferente para cada uno, y para mí, el éxito no va ligado a un número. Mi empresa ha pasado por etapas de mayor o menor rentabilidad, como todos los ciclos de la vida, y no puedo vaticinar el futuro, pero sí lucho porque se mantenga como un proyecto rentable.

No sé en qué punto estás ahora mismo, pero creo que el mejor momento es el ahora.

¿Qué tal si te lo preguntas? ¿Qué es el éxito para ti? A lo mejor no tienes clara la respuesta, pero ya has dado un paso importante al preguntártelo y reflexionar sobre ello.

La persona en la que me he convertido hace que cada día cuente, porque poder elegir trabajar en algo que me gusta, creando mi propio proyecto de vida, me llena tanto en mi día a día que me siento afortunada. Entre otras cosas, de no sentir ese matiz diferencial de no sentir distinción entre tener que trabajar un domingo o un lunes. Los lunes de vuelta al trabajo dejaron de ser un problema desde que emprendí, y ese concepto se lo intento trasladar a mis hijos, al igual que perseguir vuestros sueños, intentar vivir de vuestro talento y creatividad, de esas fortalezas que tenéis, tener una idea que conviertas en un negocio mientras ayudas a otros…

Con esto no quiero decir que todo el mundo tenga que ser emprendedor como la mejor opción, no todo el mundo va a estar preparado ni mental ni físicamente para ello. Pero sí quiero trasladarte en un concepto más amplio la visión de que si sientes algo interiormente que te lleva a ese camino en algún momento de tu vida, lo escuches y tengas la valentía de no dejarte arrastrar por ese conformismo de aceptar tus circunstancias o que el miedo te paralice para no intentarlo.

El emprendimiento también me ha llevado a un lado oscuro y profundo, a días muy duros donde no veía el color y me invadía el miedo. El síndrome del impostor aparece con frecuencia y esto supone desarrollar nuevos mecanismos internos de autosuperación, porque sabes que hay que aceptar esos días como parte de tu crecimiento, sentir esas emociones, levantarte al día siguiente y seguir caminando.

Me he convertido en una persona que se siente libre, sin limitaciones por parte de nadie. Los únicos límites son los que me pongo yo. Esto es algo que solo puedes entender y experimentar si pasas por el proceso de emprendimiento. Me siento a gusto al desarrollar un trabajo que no es rutinario, estoy siempre afrontando nuevos retos, me genera estar viva y en sintonía con los ciclos vitales donde a veces todo fluye y otras veces no salen las cosas, pero sigo sintiendo un gran aprendizaje y crecimiento que no lo he experimentado en otras circunstancias.

Me he convertido en una persona que sigue viendo nuevas oportunidades de negocio en medio de las crisis. Actualmente estoy involucrada en otros proyectos de emprendimiento, creando de nuevo, sintiendo esa sensación de la que no me canso, me invade de nuevo la ilusión de poner en marcha algo que se crea desde la nada. Pasar de una idea de negocio ilusionante a convertirla en un proyecto real para seguir aportando algo de mí a la sociedad.

Pienso y creo firmemente que la sociedad necesita de emprendedores y del emprendimiento para ser una sociedad próspera, para crecer y hacer de este mundo un mundo mejor. Para llegar aquí también se debe educar en el emprendimiento desde las escuelas y universidades, y hoy día queda mucho por hacer en este ámbito.

Las nuevas generaciones tienen que ser jóvenes que desarrollen esa curiosidad hacia el emprendimiento como salida laboral y que puedan aportar valor a través de ideas de negocio innovadoras que solucionen o detecten necesidades que haya en el mercado y sean capaces de desarrollarlo y convertirlo en un negocio rentable.

En estos años de aprendizaje continuo en Marketing Live —que me han hecho ser la persona que soy—, de lo que más orgullosa que me siento es de atreverme a pasar a la acción. De haber intentado las cosas, de haber escuchado mi interior y no dejarme llevar por el conformismo, así como del aprendizaje que supone estar rodeada de un gran equipo de profesionales de los cuales aprendo mucho cada día. Algunos de ellos ya no están y todos han formado y forman Marketing Live. En la actualidad sigo teniendo lazos inquebrantables con ellos, por la buena relación profesional y de crecimiento personal que cada persona aporta en Marketing Live. Actualmente, formamos una red de colaboradores de diez personas especializadas en las diferentes áreas de marketing digital y ventas y también somos *partner* de otros profesionales con los que colaboramos tanto a nivel nacional como internacional en países como Chile y México; profesionales con un alto nivel de especialización y de clara vocación y pasión por su trabajo.

Por otro lado, también estoy muy orgullosa de mis clientes, de todos, incluidos esos clientes tóxicos que me han ayudado a saber lo que no quiero atraer como cliente y poner mecanismos para ello. Esos maravillosos clientes a los que les he dado el 100 % de mí, porque su negocio lo siento como mío y muchos de ellos siguen con nosotros abordando etapas, o algunos que se quedaron por el camino por diferentes motivos y con los cuales sigo vinculada y se alegran de saber de mí cuando nos vemos. Agradezco que nos hayan recomendado, aunque no sigan con nosotros, porque detrás de las empresas hay personas, y todas ellas me han ayudado a darle sentido al propósito de Marketing Live: es el para qué existimos y qué le aportamos a estas personas con el negocio. Todo esto da sentido a lo que hago, por eso me siento orgullosa con mis defectos, errores y aciertos. No cambiaría nada de todo este apasionante viaje porque hoy soy la persona que soy gracias a todo lo que me ha proporcionado el emprendimiento. Sin duda, merece la pena intentarlo.

Quiero compartirte en estas últimas líneas mi ilusión por el presente, por mi situación de ahora en esta etapa poscovid en la que me encuentro. A mí las crisis me han traído nuevas oportunidades de crecimiento y de aprendizaje, ganas de crear algo que me llena tanto para ayudar a otros y de ofrecer a la sociedad algo de mí. ¿Qué estará por venir? La única respuesta a esa pregunta que te podría dar es que cada logro comienza con la decisión de intentarlo.

LECTURAS RECOMENDADAS

1. *El libro negro del emprendedor. No digas que nunca te lo advirtieron.* Fernando Trías de Bes
Un libro que recomiendo su lectura a cualquier emprendedor que esté pasando por ese proceso inicial, porque el autor habla de una forma clara, sencilla y amena pero real de todos los problemas a los que te vas a enfrentar en este proceso de emprender.

2. *Estrategia del océano azul.* W. Chan Kim y Renée Mauborgne
Un libro que te hace reflexionar y aporta una visión muy diferente a la hora de cómo se pueden crear nuevos espacios u oportunidades de negocio donde la competencia deje de ser un problema. Tiene un enfoque práctico con ejemplos muy útiles: te abre la mente a pensar de otra forma y a tener otra perspectiva.

3. *El poder del ahora.* Ekchart Tolle
Me ha ayudado a entender y poner en práctica recursos para tener foco sobre el presente y abordar mi día a día más relajada.

Un libro de cabecera que te permite mejorar hábitos y rutinas muy beneficioso para la mente.

4. *Padre rico, padre pobre.* Robert Kiyosaki
Un libro de finanzas que te puede aportar un cambio de mentalidad a la hora de analizar cómo es tu relación con el dinero y tener otra visión sobre cómo generar activos.

5. *La buena suerte.* Alex Rovira y Fernando Trías de Bes
Una historia de caballeros medievales que nos enseña cómo crear nuestra propia suerte.

6. *Libertad financiera.* Sergio Fernández
Consejos útiles para ayudarte a cambiar tu mentalidad como paso necesario para modificar tu situación económica.

7. *La vaca Púrpura.* Seth Godin
Este libro te conduce a pensar en la importancia de innovar y saber diferenciarte en todo lo que hagas de una forma amena y con casos prácticos que te llevan a reflexionar sobre ello.

8. *Los 7 hábitos de la gente altamente efectiva.* R. Covey
Te ayudará a implementar nuevos hábitos y a tener una visión diferente a la hora de afrontar tu día a día profesional y personal.

AGRADECIMIENTOS

Este libro es muy especial porque es muy íntimo y personal. Una historia real de emprendimiento que la abordo sin edulcorantes, tal cual fue, la mía.

Brotó la semilla de querer escribir estas cartas de emprendimiento, tras la época de la pandemia del Covid y a raíz de leer a Irene Vallejo y su maravilloso libro *El infinito en un junco*. Lecturas que inspiran por algún motivo y que encontré a través de las palabras de su escritora, la motivación y el propósito de sacar este manuscrito para dejarle a mis hijos, algo de mí, que perdure en el tiempo: un libro.

Emprender a los 35 años por primera vez, desde la adversidad, por necesidad y sin experiencia en estos temas, afrontando una etapa de cambio profesional y personal que culminó en encontrar en el emprendimiento mi propósito de vida ha sido un gran reto que me ha llevado a un gran crecimiento personal en todos los aspectos. Todo ello, además siendo madre de dos hijos muy pequeños y en una coyuntura de crisis económica que en aquella época todavía azotaba fuerte en España, han sido motivos que me han llevado a desarrollar diferentes habilidades y a poner en marcha mi propia metodología para emprender y conseguir poner en marcha proyectos de emprendimiento sin morir en el intento.

No habría sido posible contar esta historia, sin las personas que han formado parte de ella desde el principio y otras que el destino me ha ido poniendo en el camino durante estos años, en los que siempre he ido encontrando apoyo y cariño.

Gracias a mis hijos, por ayudarme a cultivar la paciencia diariamente y por sacar la mejor versión de mí. Espero que si alguna vez dudáis de vuestra propia capacidad o confianza para conseguir todo aquello que os propongáis, podáis encontrar, en estas cartas para emprendedores, motivos para recordaros la importancia de que el primer paso para conseguir lo que te plantees es intentarlo. Que no tengáis miedo a equivocaros, que los errores son necesarios para crecer y que no pasa nada por cambiar de dirección las veces que sean necesarias, para encontrar el propósito de vuestras vidas.

Gracia a Luis, mi marido, mi compañero desde hace más de veinte años, padre ejemplar y entregado a sus hijos y a su familia. Gracias por impulsarme siempre a mejorar en todas mis etapas, a apoyarme antes todos los retos que se han presentado y por tenderme siempre una mano firme a la que agarrarme con seguridad y templanza para tirar de mí en los peores momentos, para seguir caminando. Gracias por escucharme con todas mis inquietudes y miedos, por animarme a seguir cumpliendo sueños y que este libro consiga ver la luz. Cada logro que hemos conseguido, logros a nivel familiar o profesional, grande o pequeño, según el criterio personal de cada uno a la hora de valorar los éxitos, forma parte de ser el gran equipo de trabajo que hemos ido entrenando. Me siento orgullosa de cada etapa, aciertos y errores y sobre todo de seguir intentándolo junto a ti.

Gracias a mis padres. A mi madre, especialmente por ser un ejemplo de superación constante y por ayudarme a esforzarme en sacar lo mejor, por quedarte con mis hijos cuando han estado malos y lo he necesitado, y siempre que tu salud te lo ha permitido para hacerme los intensos días de emprendimiento más llevaderos. Y a mi padre, que me hizo amar los libros y la literatura con 15 años a través de leer juntos *La Regenta*. El que primero leyó el borrador de mi libro y que con sus ojos de doctor en Lengua y Literatura y que como profesor durante más de 40 años me indicó sus toques de atención oportunos e inevitables porque él lee, analizando los libros, es así. Orgulloso alpujarreño, que le brilla la mirada cuando vamos juntos en esos tantos viajes juntos que me ha acompañado por motivos de trabajo por la Alpujarra para que no fuera sola por esas carreteras de alta montaña. Gracias por transmitirme desde pequeña el sentirme orgullosa de mis raíces alpujarreñas y de educarme en el valor del esfuerzo para conseguir las cosas. Es el mejor embajador de todos mis proyectos.

Gracias a mis hermanos, Javi y Juan Ramón, pilares en mi vida, que me hacen reír tanto, algo imprescindible para vivir con buena actitud. Los que me ayudan en días difíciles, estando pendientes de mis hijos, llamándome para darme ánimos o simplemente darme un abrazo reconfortante.

Gracias a mi hermana Silvia, que es la primera a la que le cuento todos mis retos y proyectos, que siempre que la llamo me escucha «pacientemente» y sabe lo que decirme en cada momento.

Gracias a mi tía Pepi, por acompañarme en todas mis etapas y leer mi primer borrador del libro con tanto cariño para darme su opinión. Hemos vivido como emprendedoras muchas ocasiones especiales que se quedaran para nosotras. Gracias de corazón por hacer de liebre en tantos momentos, especialmente en esos últimos kilómetros para llegar a meta de una media maratón y por acompañarme en otras, aunque no pudieras correrlas conmigo, pero escuchaba tus palabras de ánimo para llegar a la meta.

Gracias a mi tío, Toto, como lo llamamos cariñosamente en la familia, gran emprendedor, empresario y buena persona que forma parte de mi vida desde niña, gracias por escucharme y por alegrarte tanto por mis pequeños o grandes logros.

Gracias al apoyo de las maravillosas mujeres que me rodean, grandes amigas que son un soporte imprescindible en mi vida. Amigas que siguen acompañándome y que me hacen disfrutar de las cosas más sencillas de la vida, que tanto agradezco y que me dan equilibrio. Ese placer de compartir buenos momentos, buenas conversaciones acompañadas de un buen vino o en torno a un buen libro en nuestro club de lectura. Ellas que han navegado conmigo en diferentes épocas de fuerte temporal o que hemos disfrutados juntas de la calma. Gracias por estar.

Gracias a Clara por ayudarme a sacar el libro que llevaba dentro y formar parte del mío al contar con su presencia en el prólogo.

Gracias a Beatriz por tus correcciones y por aportar con tu lectura otra perspectiva llena de matices que me han encantado. Un regalo encontrarte en este camino que el destino me tenía preparado. Gracias por ese último impulso necesario, por tus palabras de ánimo para encontrar las fuerzas para hacer realidad este sueño de ver publicado mi libro.

Gracias a Pedro por tu profesionalidad y dar en la diana con la portada perfecta y con la maquetación del libro. Un placer trabajar contigo.

Gracias a ti, querido lector, por dedicar tu tiempo a leer mi historia, esperando que te sea útil para impulsarte a pasar a la acción porque cada logro comienza con la decisión de intentarlo.

www.ingramcontent.com/pod-product-compliance
Lightning Source LLC
Chambersburg PA
CBHW020653220526
45464CB00001B/410